# 気持ちが伝わる日本語敬語

Japanese Polite Speech

日本語の森 

著者 村上由佳

ask

# はじめに

「ゆか先生、敬語がむずかしいです😣」
私が日本語教師になってから、
一番よく聞いた学生の言葉だと思います。
動画のコメントやメッセージでも、
「敬語をどうやって勉強したらいいですか…？」
という質問が本当に多いです。

# でも、みんな心配しないで！

私たち日本人も、ちゃんと敬語を勉強して、
大人たちのまねをしながら敬語が話せるようになっていきます。
みんなも、あまり話したことがないから話せないだけです。
ただ、それだけなんです！だから一緒に勉強しよう！

この本を読んだあとに、ちょっとでも
「敬語できるかも…！」と前向きな気持ちに
なってもらえたら、うれしいです。

日本語の森
村上由佳

# 目次 Table of contents

## 第 1 章　相手によって話し方を変えよう！
## 関係性に合わせた敬語の使い方 

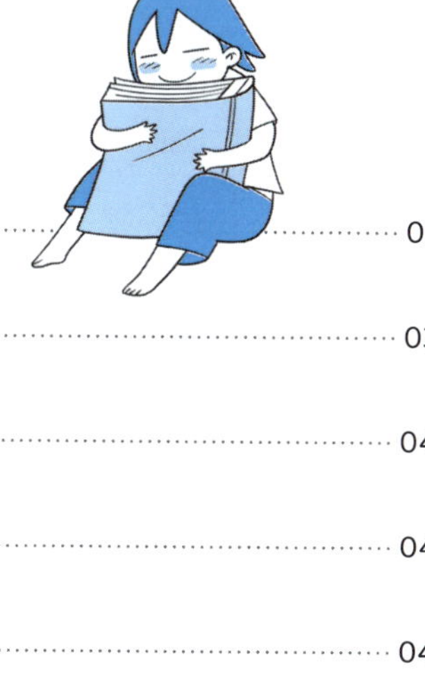

# ゆか先生の自己紹介
### せん せい　　じ　こ しょう かい

About Yuka-sensei

はじめまして。村上由佳です。
むらかみ ゆ か

1992 年 3 月 30 日生まれ、出身は日本の兵庫県です。
ねん　 がつ　　 にち う　　　　しゅっしん　　にほん　ひょうご けん

日本人です。私の仕事は日本語教師です。
に ほんじん　　わたし　し ごと　　に ほん ご きょう し

みんなから「ゆか先生」と呼ばれています。
せんせい　　よ

日本語教師になったのは 2018 年。ベトナムにある日本語センターで教師として働
に ほん ご きょう し　　　　　　　　ねん　　　　　　　　　　　　　　に ほん ご　　　　　　きょう し　　　　はたら

き始めました。これまでアメリカ、フィリピン、ベトナムと、さまざまな国で生活を
はじ　　　　　　　　　　　　　　　　　　　　　　　　　　　　　　　　　　　　　　くに　せいかつ

してきました。

ベトナムには 3 年くらい住んでいたので、少しベトナム語が話せます！（シンチャオ〜！）
ねん　　　す　　　　　　　　　すこ　　　　　　ご　はな

現地でお世話になったたくさんの方々に感謝し、日本語教育を通して少しでも恩返
げん ち　　せ わ　　　　　　　　　　かたがた　かんしゃ　　に ほん ご きょういく　とお　　すこ　　　　　おんがえ

ししていきたいと思っています。日本語を学ぶ全ての人に楽しい授業を届けるため、
おも　　　　　　　　に ほん ご　まな　すべ　　ひと　たの　　じゅぎょう　とど

毎日戦っています！
まい にち たたか

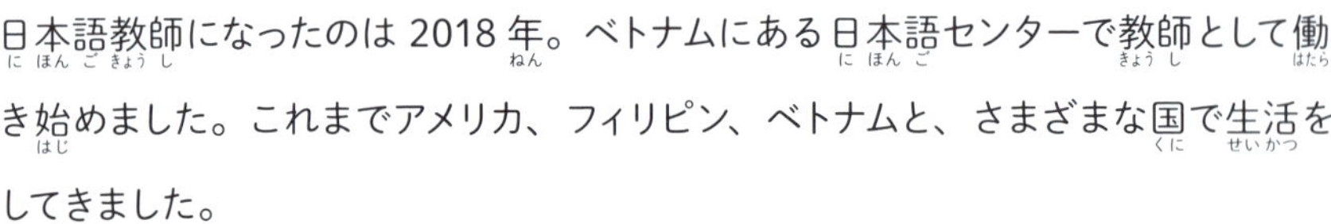

Hello! I'm Yuka Murakami.
I was born on March 30th1992. I'm from Hyogo Prefecture in Japan. I'm a Japanese.
I work as a Japanese language teacher, and everyone calls me "Yuka-sensei".
I became a Japanese teacher in 2018 and started working at a Nihongo Center in Vietnam.
Until now, I have lived in various countries including the U.S., the Philippines, and Vietnam….
After living in Vietnam for three years, I learned to speak a little Vietnamese. "Xin Chào!" I'm grateful to
the many local people who supported me during my time there and I would like to return their kindness
by teaching Japanese. I hope to deliver enjoyable lessons to everyone learning Japanese.

# 「日本語の森」の紹介

About "Nihongo no Mori"

「日本語の森」は、日本語教育のサービスを提供している会社です。YouTube チャンネル「日本語の森」で、日本語や日本の文化についての動画をたくさん作っています。他にも、JLPT の勉強のための本や、授業動画が見られるサービスも提供しています。アプリもあるので使ってみてくださいね。「日本語の森」のサービスは「日本語で日本語を勉強する」というコンセプトで作っています。だから、基本的な日本語を勉強した人なら、誰でも「日本語の森」で勉強することができますよ。外国語を勉強するときは、勉強している言語をとにかくたくさん読んだり、聞いたり、話したりすることが大切です。日本語で日本語を勉強するのは少し難しそうだと思うかもしれませんね。でも、自然な日本語の表現も勉強できて、日本語を聞く力もついて、発音もよくなります。遠回りに見えて、実はとても効率がいい勉強方法ですよ。さあ、私達と一緒に日本語を勉強しましょう！

"Nihongo no Mori" is a company dedicated to providing Japanese language education services. Through our YouTube channel, "Nihongo no Mori" we create numerous videos about the Japanese language and culture. Additionally, we offer services where you can find books for JLPT preparation and instructional videos for your studies. We also have mobile applications available for your convenience. We encourage you to give them a try.

The core concept behind our "Nihongo no Mori" services is "learning Japanese in Japanese." Therefore, anyone who has mastered the fundamentals of the Japanese language will be able to learn with "Nihongo no Mori." When learning a foreign language, it is crucial to read, listen, and speak as much as possible. You might think that learning Japanese in Japanese might be challenging at first. However, it will help you to learn natural Japanese expressions, improve your listening skills, and enhance your pronunciation. Despite appearing as a detour, this method is remarkably efficient. We invite you to join us on this educational journey and learn Japanese together.

# 本書の使い方
## How to use this book

この本では、敬語の中でも特に日常会話でよく使う敬語を紹介しています。尊敬語や謙譲語を覚えて使いこなすことも大切ですが、話す相手や場面に合った表現を正しく使うことも本当に大切です。どんなときにどのような表現を使えば印象が良くなるかを一緒に勉強していきましょう。

In this book, we introduce polite speech "Keigo" used in everyday conversations, focusing on the most common expressions. While it is essential to learn and master honorific and humble speech, it is equally important to use the appropriate expressions based on the listener and the situation. Let's study together when and how to use expressions that leave a positive impression.

# 第1章 敬語レベルを理解しよう！
## Chapter1  Let's master the politeness levels of "Keigo"

　目上の人と話をするときでも「先生」に使う敬語と「先輩」に使う敬語は違います。敬語の中にもレベルがあって、「普通の敬語」と「もっと丁寧で硬い敬語」があります。

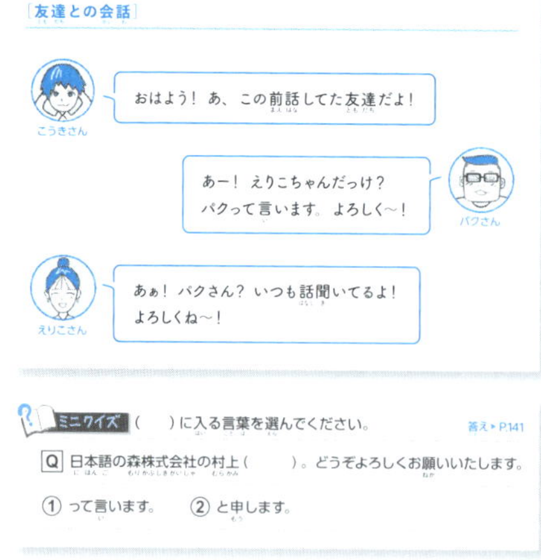


　第1章では、Level1：友達との会話で使う表現、Level2：丁寧な言い方、Level3：もっと丁寧で硬い言い方、の3つのレベルに分けて言い方を紹介しています。レベルに合った表現を勉強したあと、それぞれの表現がどんな印象なのか、何が違うのかを勉強しましょう。実際の会話例の音声を聞いて練習することもできますよ。最後はミニクイズで、内容を理解できているか確認をしましょう。

When speaking with someone of higher status, polite speech "Keigo" used for addressing a "teacher" differs slightly from that used for a "senior." Within polite speech "Keigo", there are different levels, including "ordinary polite language" and "even more formal and respectful language." In Chapter 1, we present expressions categorized into three levels: Level 1 for conversations with friends, Level 2 for polite language, and Level 3 for even more formal and respectful language. After studying expressions suitable for each level, let's delve into the impressions these expressions create and understand their differences. You can also practice by listening to real conversation examples. Finally, there is a mini quiz to confirm your understanding of the lesson.

## 第2章 もっと印象が良くなる話し方を身につけよう！

Chapter2  Let's learn to speak how to make a better impression!

第2章では、場面ごとの「残念な話し方」と「素敵な話し方」を紹介しています。「残念な話し方」は、どの部分が良くないのか、そしてどのように言えばもっと印象が良くなるのかを説明しています。それぞれの似ている表現も一緒に覚えていきましょう。

In Chapter 2, we introduce the "unimpressive way of speaking" and the "charming way of speaking" tailored to different situations. We explain what aspects make the "unimpressive way of speaking," and how to improve the impression by choosing different words. Let's also learn similar expressions together and enhance our communication skills.

**ゆか先生**
せんせい

日本語の先生
にほんご　せんせい

**原口さん**
はらぐち

ステーキレストランの店長
てんちょう
（パクさんのアルバイト先の
さき
上司）
じょうし

**こうきさん**

パクさんの友達
ともだち

**パクさん**

韓国からの留学生
かんこく　　　りゅうがくせい

**ゆうきさん**

パクさんの先輩
せんぱい

**えりこさん**

こうきさんの友達
ともだち
（途中からパクさんの友達）
とちゅう　　　　　　　ともだち

**アインさん**

日本の会社で働いている
にほん　かいしゃ　はたら
ベトナム人
じん

**藤原さん**
ふじわら

アインさんの上司
じょうし

まずは
「敬語とは何か」
けい　ご　　　　なに
について学ぼう！
まな

# 敬語 の重要性に関して

　みなさん、敬語は好きですか？

「はい、好きです！」と答える人は、ほとんどいないのではないかなと思います。私も、敬語は好きではありません！（こんなことを言ってはいけないんですが…！）だって、敬語って難しくないですか？　あなたの母国語が日本語ではないから、敬語が難しいわけではありませんよ。日本人にとっても、敬語は難しいものなんです！　日本人でも、学生時代は敬語を自然に話せないのが普通です。そして、成長に合わせて大人たちと関わる機会が増え、少しずつ敬語に触れていきます。社会に出て働き始めてから、本格的に敬語を身につける人も多いですよ。でも、難しいからと言って勉強しないわけにはいきませんよね。

　敬語というものは、日本の社会を生きていく上で、とても強い武器になります。スーツを着ている人と、パジャマを着ている人がいたら、スーツを着ている人の方が「ちゃんとしている人だな」と感じると思います。敬語を使うというのは、それと同じだと思います。正しい敬語を使って話す人に対して、相手は「礼儀正しい人だ」という印象を持ちます。反対に、あなたがどれだけ優しくて、いい人で、相手に敬意を持っていたとしても、正しい敬語を使えないだけで「礼儀のないやつだ」と悪い印象を持たれてしまいます。これって、とてももったいないことですよね。


「敬語」は、相手に対する敬意を表すためのものです。でもそれ以上に、人間関係においてあなたが「得をする・損をしない」ための強い武器になるものだと思います。

　どう？　勉強しておいた方がいいなって思い始めたでしょ？

# About the importance of polite speech

Do you like polite speech (Keigo)?

I believe there are very few who would answer "Yes, I do!" To be honest, I'm not good at polite speech! (Although I shouldn't mention it.) Polite speech is difficult, isn't it? It is not because your native language isn't Japanese that polite speech is difficult. Polite speech is challenging even for Japanese people! In fact, during their student years, most Japanese individuals struggle to use polite speech naturally. As they grow older and begin to interact more with adults, they gradually start using polite speech. Many people in Japan start mastering formal language when they enter the workforce.

But just because it is challenging doesn't mean we should avoid learning it, right? Polite speech can be a powerful tool in navigating Japanese society. Imagine if there were two people—one dressed in a suit and another in pajamas. Most would assume the person in the suit is more "respectable." Using polite speech carries a similar weight. When you use correct polite speech, people perceive you as polite. Conversely, no matter how kind and respectful you are, if you can't use polite speech, you might be seen as rude. It is such a missed opportunity, isn't it?

"Polite speech (Keigo)" is a way to show respect to others. But more than that, I believe it is a potent tool for you to "benefit and not lose" in human relationships. How about it? Are you starting to think that it might be a good idea to study it?

# <ruby>敬<rt>けい</rt></ruby><ruby>語<rt>ご</rt></ruby>っていつ<ruby>使<rt>つか</rt></ruby>うの？ When can you use polite speech?

「<ruby>敬語<rt>けいご</rt></ruby>」は<ruby>自分<rt>じぶん</rt></ruby>より<ruby>偉<rt>えら</rt></ruby>い<ruby>人<rt>ひと</rt></ruby>や<ruby>年上<rt>としうえ</rt></ruby>の<ruby>人<rt>ひと</rt></ruby>に<ruby>使<rt>つか</rt></ruby>う<ruby>言葉<rt>ことば</rt></ruby>だということは、みなさん<ruby>知<rt>し</rt></ruby>っていると<ruby>思<rt>おも</rt></ruby>います。でも、<ruby>意外<rt>いがい</rt></ruby>といろんな<ruby>場面<rt>ばめん</rt></ruby>で<ruby>使<rt>つか</rt></ruby>われるものなんですよ。また、<ruby>敬語<rt>けいご</rt></ruby>の<ruby>中<rt>なか</rt></ruby>にも<ruby>丁寧<rt>ていねい</rt></ruby>さのレベルがあって、<ruby>場面<rt>ばめん</rt></ruby>によって<ruby>使<rt>つか</rt></ruby>い<ruby>分<rt>わ</rt></ruby>けをします。この<ruby>本<rt>ほん</rt></ruby>の<ruby>第<rt>だい</rt></ruby>1<ruby>章<rt>しょう</rt></ruby>では、<ruby>敬語<rt>けいご</rt></ruby>の<ruby>丁寧<rt>ていねい</rt></ruby>さのレベルごとに、どのような<ruby>表現<rt>ひょうげん</rt></ruby>があるのかを<ruby>紹介<rt>しょうかい</rt></ruby>しています。まずは、どんなときに、どんな<ruby>敬語<rt>けいご</rt></ruby>が<ruby>使<rt>つか</rt></ruby>われているのか、<ruby>見<rt>み</rt></ruby>てみましょう！

I think everyone knows that "polite speech (Keigo)" is a term used for people who are superior or older than oneself. However, it is used in a surprisingly wide variety of situations. There are also different levels of politeness within honorifics, and they are used differently depending on the situation. Chapter 1 of this book introduces the different expressions for each level of politeness of honorifics. First, let's take a look at what kind of polite speech is used in what situations!

## 1　<ruby>職場<rt>しょくば</rt></ruby>の<ruby>上司<rt>じょうし</rt></ruby>・<ruby>同僚<rt>どうりょう</rt></ruby>・<ruby>部下<rt>ぶか</rt></ruby>

When communicating with superiors, colleagues, and subordinates

<ruby>会社<rt>かいしゃ</rt></ruby>の<ruby>中<rt>なか</rt></ruby>で<ruby>話<rt>はなし</rt></ruby>をするとき、<ruby>上司<rt>じょうし</rt></ruby>にはもちろん<ruby>敬語<rt>けいご</rt></ruby>を<ruby>使<rt>つか</rt></ruby>いますが、<ruby>同僚<rt>どうりょう</rt></ruby>や<ruby>部下<rt>ぶか</rt></ruby>に<ruby>対<rt>たい</rt></ruby>しても<ruby>敬語<rt>けいご</rt></ruby>を<ruby>使<rt>つか</rt></ruby>うことが<ruby>多<rt>おお</rt></ruby>いです。<ruby>同僚<rt>どうりょう</rt></ruby>や<ruby>部下<rt>ぶか</rt></ruby>は<ruby>自分<rt>じぶん</rt></ruby>より<ruby>偉<rt>えら</rt></ruby>い<ruby>人<rt>ひと</rt></ruby>ではないし、<ruby>年齢<rt>ねんれい</rt></ruby>が<ruby>上<rt>うえ</rt></ruby>というわけではないのに、<ruby>敬語<rt>けいご</rt></ruby>を<ruby>使<rt>つか</rt></ruby>うんですね。<ruby>会社<rt>かいしゃ</rt></ruby>の<ruby>雰囲気<rt>ふんいき</rt></ruby>にもよりますが、<ruby>基本的<rt>きほんてき</rt></ruby>に<ruby>会社<rt>かいしゃ</rt></ruby>の<ruby>中<rt>なか</rt></ruby>の<ruby>人<rt>ひと</rt></ruby>に<ruby>対<rt>たい</rt></ruby>しては<ruby>敬語<rt>けいご</rt></ruby>を<ruby>使<rt>つか</rt></ruby>うことが<ruby>多<rt>おお</rt></ruby>いと<ruby>思<rt>おも</rt></ruby>います。<ruby>休憩中<rt>きゅうけいちゅう</rt></ruby>に<ruby>部下<rt>ぶか</rt></ruby>と<ruby>話<rt>はな</rt></ruby>すときはタメロ*だけど、<ruby>仕事<rt>しごと</rt></ruby>の<ruby>指示<rt>しじ</rt></ruby>を<ruby>出<rt>だ</rt></ruby>すときは<ruby>敬語<rt>けいご</rt></ruby>を<ruby>話<rt>はな</rt></ruby>す、という<ruby>使<rt>つか</rt></ruby>い<ruby>分<rt>わ</rt></ruby>けもよくありますね。それは、「<ruby>会社<rt>かいしゃ</rt></ruby>」や「<ruby>仕事<rt>しごと</rt></ruby>の<ruby>話<rt>はなし</rt></ruby>」は<ruby>真面目<rt>まじめ</rt></ruby>にしっかりしなければいけないので、<ruby>遊<rt>あそ</rt></ruby>びや<ruby>休憩<rt>きゅうけい</rt></ruby>の<ruby>場面<rt>ばめん</rt></ruby>で<ruby>使<rt>つか</rt></ruby>う「タメロ<ruby><rt>ぐち</rt></ruby>」とは<ruby>違<rt>ちが</rt></ruby>う、ということを<ruby>示<rt>しめ</rt></ruby>すためなのだと<ruby>思<rt>おも</rt></ruby>います。

*タメロ：<ruby>友達<rt>ともだち</rt></ruby>に<ruby>対<rt>たい</rt></ruby>して<ruby>使<rt>つか</rt></ruby>う<ruby>言葉<rt>ことば</rt></ruby>

In the workplace, when communicating with superiors, colleagues, and subordinates, it is common to use polite speech. Even though colleagues and subordinates may not be in higher positions or significantly older than oneself, polite speech is often used. The usage of polite speech depends on the atmosphere of the company, but generally, it is common to use polite speech when interacting with people within the company. While it might be casual to speak informally in "タメ口" during breaks with subordinates, it is common to switch to polite speech when giving work instructions. This differentiation often occurs because discussions related to "work" or "business matters" are considered serious and require a formal tone, distinct from the casual tone ,"タメ口", used in social or leisure situations.

＊タメ口：casual words used among friends

## 2　年上の人

To speak with seniors

日本では、自分より年齢が上の人に対して敬語を使います。例えば、自分より立場が下の人が年上だという場面もありますよね。私が大学1年生だったとき、同じ学年に1歳年上の人がいました。立場は同じだけど、年齢は上だったので、私は敬語を使って話をしました。仲良くなってからはタメ口になりましたが、最初は私以外の人も、その人に対して敬語を使っていました。このように、立場が同じ、または下の人だったとしても、年齢が上なら敬語を使うことが多いです。

In Japan, it is customary to use polite speech when addressing people older than oneself. For instance, there are situations where someone in a lower position might be older than you. When I was a first-year university student, there was someone in my year who was a year older. Even though our positions were equal, I used polite speech when talking to that person due to his seniority. After becoming close friends, we switched to casual language "タメ口", but initially, I, along with others, used polite speech when speaking to that person. Therefore, even if the positions are the same or one is junior, using polite speech is common when the person is older.

# お客さん



お店の店員さんとお客さんという立場なら、必ずお客さんの方が立場が上になります。お店の店員として働くなら、必ずお客さんに対して敬語を使います。店員と客の距離が近いお店であれば、店員さんがタメ口で話しかけることもありますが、とても珍しいと思います。

　反対に、店員さんに対してタメ口を使う人がいますが、それはあまり良くないなと思います。お客さんの立場が上だと言いましたが、実際にすごく偉い人だというわけではないですよね！　店員さんと同じレベルの敬語を使う必要はありませんが、少し丁寧な言い方ができるといいですね。

In the context of a store, the customer always holds a superior position to the store staff. If you are employed as a store attendant, it is essential to use polite speech when addressing customers. In cases where the relationship between staff and customers is very close, staff members might use informal language, "タメ口" but I believe this is quite rare.

Conversely, there are people who use informal language "タメ口", with store staff, but I don't think it is appropriate. While it is true that customers are considered superior, it doesn't mean they are necessarily very important individuals! There is no need to use the same level of politeness as with fellow staff, but it is good to maintain a slightly more polite tone.

# 4 初めて会う人



初めて会う人には、必ず敬語を使います。見た目からして自分より年齢が下だろうな…と思ったとしても、まず最初は敬語を使います。ただ、小さな子どもに対

して敬語を使うのは不自然です。あなたが大人なら、子どもに対して、初対面でも
タメ口を使うことができます。

When meeting someone for the first time, it is essential to use polite speech. Even if you assume based on their appearance that they are younger than you, it is customary to use polite language initially. However, using polite speech with very young children can sound unnatural. If you are an adult, it is acceptable to use the informal language "タメ口" when meeting children for the first time.

## 5　たくさんの人に話すとき

To speak to a large audience

たくさんの人の前で話をしたり、挨拶をするようなフォーマルな場面では、必ず敬語を使います。聞いている人が全員年下だとか、全員立場が下の人だとわかっていたとしても、敬語を使うのが自然です。他にも、テレビでニュースを読んでいる人も敬語を使っていますし、駅やショッピングセンターなどのアナウンスでも敬語が使われていますよね。

In formal situations, such as speaking in front of a large audience or giving greetings, it is essential to use polite speech. It is natural to use polite speech even if you know that everyone listening is younger or in a lower position. Additionally, news presenters on television use polite speech, and announcements at places like stations and shopping centers also employ polite speech.

# 敬語 の種類　Types of polite speech

## 丁寧語　Polite speech

丁寧な気持ちを表したいときに使います。
「です」「ます」「ございます」を使った表現です。

It is used to express courteousness with "です", "ます" and "ございます".

[例] 村上です ／ 食べます ／ こちらでございます

## 尊敬語　Honorific speech

相手に敬意を表すときに使います。「お／ご〜になります」「〜されます」の
形で尊敬語を作るものや、元の動詞から大きく形が変わるものもあります。

It is used to show respect to the other party. There are forms created by adding "お／ご〜になります" or "〜されます" and also by transforming the verb forms.

[例] お座りになります ／ ご挨拶されます ／ 召し上がります

## 謙譲語　Humble speech

自分を下げることで相手が上の立場だということを示し、相手に敬意を表す
ことができます。「お／ご〜します」の形で謙譲語を作るものや、元の動詞
から大きく形が変わるものもあります。

By humbling oneself, it is possible to indicate that the other person holds a superior position, demonstrating respect towards them. Humble speech can be created by taking "お／ご〜します" form or by transforming the verb forms.

[例] お聞きします ／ 伺います

# ウチ・ソト の関係 Between "ウチ and ソト"

日本語の敬語には「ウチ・ソト」という考え方があり、敬語の使い方が変わる場合があります。「ウチ」というのは自分のものや、自分が所属しているコミュニティのことです。「ソト」というのは、それ以外のものです。例えば、会社の中では部長について話をするとき、「その資料は村上部長がお持ちです。」のように、部長の動作に敬語を使わなければなりません。でも「ソト」の人に話すときは「その資料は村上が持っております。」のように、部長の動作であっても敬語を使いません。これは、村上部長が「ウチ」の人だからです。

このように「ウチ・ソト」の関係で、敬語を使うかどうかが変化するのが、日本語の敬語の特徴です。

In Japanese honorifics, there's a concept known as "ウチ and ソト" which can influence the use of polite speech. "ウチ" refers to something one possesses or a community one belongs to. On the other hand, "ソト" refers to anything outside of that group. For example, when talking about the department head within the company, you would say, "その資料は村上部長がお持ちです。" (The document is with Director Murakami.). using polite speech to describe the director's actions. However, when talking to someone from "ソト", in other words outside the company, you wouldn't necessarily use polite speech for the director, saying,"その資料は村上が持っております。" (Murakami has the document.) This is because Director Murakami is considered an "ウチ" person.

When conversing with someone from the "ソト" group, the "ウチ" person assumes an equal status. This variation in the use of polite speech is based on the "ウチ・ソト" relationship is a distinctive feature of Japanese honorifics.

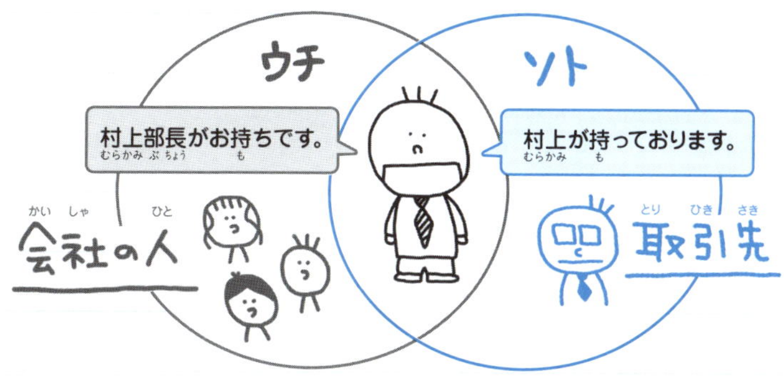

# 敬語は人との距離を表す

　敬語は「相手を尊敬しています」という気持ちを表すことができる言葉です。尊敬しているということは、自分から近い人ではなく高いところにいる人、つまり距離がある人ということですよね。だから敬語は、相手との「距離」を作るための言葉なんです。目上の人や年上に敬語を使うことはもちろんんですが、初めて会った人や、あまりよく知らない相手に対しても敬語を使います。これは、心の中に「距離」があるからです。

　反対に「タメ口」は、相手との距離が近いということを表すことができます。初めて会ったときは敬語を使うけど、同じ年齢である程度話をしたら、途中から「タメ口」で話し始めるということがよくあります。これは、心の距離が近づいた証拠です。また、いつもはタメ口で話している相手に対して、喧嘩をしたときや自分が相手に怒っているということを表現したいときに、わざと「敬語」を使うことがあります。これは、「あなたとは今距離があります」「仲良くないです」ということを示すためです。いつもタメ口で話している相手が敬語で怒ってくると、本当にこわいんですよね…。

## Polite speech expresses the distance between individuals.

Polite speech serves as an expression of distance between individuals. It conveys the sentiment of "I respect you." Respect, in this context, implies placing someone higher, not closer, suggesting a certain distance. Thus, polite speech is a tool for creating this "distance" between oneself and the other person. It is common to use polite speech not only with superiors and elders but also with people one meets for the first time or those one doesn't know well. This is because there exists a mental "distance."

Conversely, using informal language, known as "タメ口" indicates a close relationship with the other person. It is common to start with polite speech when you meet someone for the first time, but if you've talked a bit and are of similar age, it is natural to switch to the informal language "タメ口" partway through. This shift signifies a decrease in mental distance. Additionally, there are situations where, during a disagreement or when one is angry with the other person (despite usually speaking informally), deliberately using polite speech can express, "There is a distance between us right now," indicating a strained relationship. When someone who normally speaks informally suddenly becomes angry and uses polite speech, it can be truly intimidating.

# 第 1 章

# 関係性に合わせた敬語の使い方

# 1　自己紹介をする
じ　こ　しょう　かい

まずは自己紹介から！
じ　こ　しょうかい
初めて会う人にはできるだけいい印象を持ってもらいたいよね。
はじ　あ　ひと　　　　　　　　　　　　　　　　　　　いんしょう　も

## 友達との会話
とも　だち　　　　かい　わ

**Level 1**

**Level 2** …… 〜です。／〜って言います。
い

**Level 3** …… 〜と申します。／〜でございます。
もう

## 敬語
けい　ご

## Q.1 一番カジュアルな言い方は？
いち ばん　　　　　　　　　　　　い　かた

How can you introduce yourself most casually?

自己紹介は初めて会う人にするものだから、level1はないよ。子ども同
じ こ しょうかい　はじ　あ　ひと　　　　　　　　　　　　　　　　　　　　　　　こ　どう
士なら「わたし、ゆか！」や「ぼく、もりおだよ」のように自己紹介すること
し　　　　　　　　　　　　　　　　　　　　　　　　　　　　　　　　　じ　こ しょうかい
もあるけど、大人になったらそういう言い方はほとんど使わないね。
　　　　　　おとな　　　　　　　　　　　　　い　かた　　　　　　つか

There is no level 1 because you introduce yourself to a person you meet for the first time. If it is among children, you could say "わたし、ゆか！" and "ぼく、もりおだよ", but usually, you don't speak that way as you get older.

## Q.2 「〜って言います」はどういう印象？
　　　　　　　　い　　　　　　　　　　いん しょう

What impression is given by "〜って言います"?

「〜って」は「〜と」と同じ意味だから「〜と言います」という意味にな
　　　　　　　　　　おな　い み　　　　　　　　い　　　　　　　　い み
るんだけど、「って」を使うともう少しカジュアルな印象になるよ。友達
　　　　　　　　　　つか　　　　すこ　　　　　　　　　いん しょう　　　　ともだち
の友達に自己紹介をするときに使うと、硬すぎずちょうどいい感じの
　ともだち　じ こ しょうかい　　　　　　つか　　　かた　　　　　　　　　　かん
挨拶になると思う！
あい さつ　　　　おも

"〜って" and "〜と" are very alike, so it means the same as "〜と言います", although using "って" gives a little more casual impression. If you use it when introducing yourself to a friend of your friend, you can greet more casually without being too formal.

## Q.3 「〜と申します」と「〜でございます」は どう違うの？
　　　　　もう　　　　　　　　　　　　　　　　　　　ちが

What is the difference between "〜と申します" and "〜でございます"?

どちらも、自分のことを説明するときに使う丁寧な表現だよ。自
　　　　　　じ ぶん　　　　　　せつめい　　　　　　つか　てい ねい　ひょうげん　　　　じ
分の名前を言うときは「（名前）＋と申します」と言うことがほとん
ぶん　な まえ　い　　　　　　　　な まえ　　　もう　　　　　い
どだね。「村上でございます」のように「（名前）＋でございます」と
　　　　むらかみ　　　　　　　　　　　　　　な まえ
いう使い方も間違いではないんだけど、「〜でございます」は、自分
　　　つか　かた　まち が　　　　　　　　　　　　　　　　　　　　　　　じ ぶん

の職業や立場を言うときにもっとよく使われているんだ。だから、会社の名前だけを言うときは「日本語の森株式会社でございます」と言った方が自然だよ。

They are both polite speeches used to explain yourself. You usually say "(Your name)+と申します" to give your name. There is also another form "(Your name)+でございます", for example, "村上でございます"(I'm Murakami.) which is also correct. But "～でございます" is used more often when speaking of your job or your job title. So, if you are to give your company name, it is more natural to say "日本語の森株式会社でございます"(I'm from Nihongo-no-Mori Corporation).

## 実際の会話での使われ方を見てみよう！　◀)) 01

### ［友達との会話］

こうきさん

パクさん

えりこさん



### ［先輩との会話］

パクさん

ゆうきさん

## ［面接官との会話］

面接官

パクさん

ミニクイズ　（　　　）に入る言葉を選んでください。　　答え▶ P.141

Q 日本語の森株式会社の村上（　　　）。どうぞよろしくお願いいたします。

① って言います。　　② と申します。

## まとめ

第一印象が決まるので、自己紹介はできるだけ丁寧に明るくするのが基本です！　でも、同年代の人同士だと、丁寧すぎる自己紹介をすると不自然だし、仲良くなれないかもしれない…という印象を与える可能性もあります。場面に合わせてぴったりな言葉を選んでくださいね。

The key to introducing yourself is to speak politely and clearly to leave a positive first impression. However, if you're introducing yourself to peers of the same age, being overly formal might seem unnatural and even create a negative impression, suggesting that you might not connect well with them. So, always choose your words carefully to fit the situation.

自己紹介をする

# ありがとうを言う

To express gratitude

感謝の気持ちをうまく伝えるのは、
とても大切なことだよね。

## 友達との会話

**Level 1** …… （どうも）ありがとう。／ありがと！

**Level 2** …… （どうも）ありがとうございます。

**Level 3** …… （誠に）ありがとうございます。

（心より）感謝申し上げます。

## 敬語

## Q.1 「どうもありがとう」の「どうも」がついたらどんな印象（いんしょう）？

What impression is given when attaching "どうも" as of "どうもありがとう"?

「どうも」は「どうも言（い）えない」という意味（いみ）の言葉（ことば）なので「どう言（い）ったらいいかわからないくらい感謝（かんしゃ）している/謝（あやま）りたい」と言（い）うときに使（つか）うよ。「どうも」を前（まえ）につけると、もっと気持（きも）ちが強（つよ）く伝（つた）わるんだ。

"どうも" is a word that means "beyond words". You can use it when you want to show gratitude that words alone can't express, or you really want to apologize. Attaching "どうも" at the beginning helps you to express your feelings better.

## Q.2 「ありがとうございます」はどんなときでも使（つか）えるの？

Can you use "ありがとうございます" in any occasion?

友達（ともだち）との会話（かいわ）以外（いがい）なら、いろんな場面（ばめん）で使（つか）える丁寧（ていねい）な言（い）い方（かた）です。

It is a polite form you can use on various occasions except when you are talking with friends.

## Q.3 「感謝申（かんしゃもう）し上（あ）げます」はどんな印象（いんしょう）？

What impression is given by "感謝申し上げます"?

すごく硬（かた）い印象（いんしょう）があるよ。会社（かいしゃ）の中（なか）でも、いつも一緒（いっしょ）に働（はたら）いている上司（じょうし）や先輩（せんぱい）には「ありがとうございます」を使（つか）うことがほとんどかな。社長（しゃちょう）と話（はな）すときなら使（つか）うこともあるよ。たくさんの人（ひと）の前（まえ）でスピーチをするときや、メールや手紙（てがみ）などを書（か）くときに使（つか）うことが多（おお）いね。

It has a very formal impression. You usually say "ありがとうございます" to your boss or to your senior colleagues in the office. But you could use it for the president of the company. It is often said when giving a speech to a big audience or when writing emails and letters to a big audience or when writing emails and letters.

## ［友達との会話］

パクさん

こうきさん



## ［先輩との会話］

ゆうきさん

パクさん

藤原さん
ふじわら

本日はお足元の悪い中お越しくださいまして、
ほんじつ　　あしもと　わる　なか　こ
ありがとうございます。
心より感謝申し上げます。
こころ　かんしゃもう　あ

**1**

ありがとうを言う

**ミニクイズ** （　　　）に入る言葉を選んでください。
はい　ことば　えら

答え ▶ P.141
こた

**Q** 先輩！ 昨日はお金を貸していただいて助かりました！（　　　　　　）！
せんぱい　きのう　かね　か　　　　　たす

① 心より感謝申し上げます　　② ありがとうございます
こころ　かんしゃもう　あ

## まとめ

ほとんどの場面では「ありがとうございます」と言えば失礼になる
ばめん　　　　　　　　　　　　　　　　い　　しつれい
ことはありません。 公の場で話すときや、自分よりかなり目上の
おおやけ　ば　はな　　　じぶん　　　　めうえ
人に感謝を伝える場合は「感謝申し上げます」と言えば、よりその
ひと　かんしゃ　つた　ばあい　かんしゃもう　あ　　い
場にふさわしい言い方になります。
ば　　　　　　い　かた

On most occasions, "ありがとうございます" is sufficiently polite. If you are to speak
in public or to express gratitude to a person of higher status, saying "感謝申し上げ
ます" should be more appropriate.

# 3 ごめんなさいを言う

## 友達との会話

**Level 1** ⋯⋯ ごめん。

**Level 2** ⋯⋯ ごめんなさい。／ すみません。

**Level 3** ⋯⋯ 申し訳ありません。
失礼いたしました。
申し訳ございません。

**敬語**

## Q.1 「ごめんなさい」と「すみません」は同じ？

Do "ごめんなさい" and "すみません" have the same meaning?

どちらも謝る言葉だけど、「すみません」の方がより丁寧な印象があるよ。特に会社では「すみません」を使うことがほとんどだね。でも会社でも、下の例のような小さい失敗なら「ごめんなさい！」と謝ることもあるよ。

They are both expressions to apologize, although "すみません" gives a more formal impression. You always use "すみません" especially in the office. When you make small mistakes you can use "ごめんなさい" as in the following situations:

［例］ 少し体がぶつかってしまったとき ／ コーヒーをこぼしてしまったとき

[ex.] When you slightly hit someone by mistake / When you spilled some coffee

## Q.2 「すいません」ってよく聞くけど…？

I often hear people say "すいません"...?

話すときは「すいません」という発音になることが多いね！
でも書くときは「すみません」だから注意しよう。

We actually pronounce "すいません" in conversations! But please remember that "すみません" is correct with the written words.

## Q.3 「申し訳ありません」はどんな印象？

What impression is given by "申し訳ありません"?

「申し訳」は「言い訳」のことだから、自分がやってしまった失敗に対して「言い訳できることがありません、本当にすみません」と謝る意味になるんだ。だから、謝る言葉の中で一番深く謝っている印象があるよ。上司やお客様に謝るときは、ほとんど「申し訳ありません」を使うね。

## Q.4 「失礼いたしました」はどんなときに使うの？

言葉の通り、失礼なことをしてしまったときに使うので、何か大きな失敗をしたというよりも、相手に少し失礼なことや迷惑なことをしてしまったときに、軽く謝るような言い方だよ。例えば下の例のように、小さな「失礼」があったときに使うことが多いかな。



［例］
- 話しているときに何かを言い間違えたとき
- 面談中に席を外して少し相手を待たせてしまったとき
- 勘違いをしていたとき



## Q.5 深く謝りたいときは、どれを選べばいいの？

Level 3 の中から組み合わせて使うともっと深く謝ることができるよ。例えば「この度は大変失礼いたしました。誠に申し訳ございません！」のように、いろんな言い方で謝るのが自然だよ。

## ［上司との会話］

遅くなりました。大変申し訳ありません。

やっと来たね。どうして遅れたの？

電車が遅れてしまって…申し訳ございませんでした。

ミニクイズ　（　　　）に入る言葉を選んでください。　　答え ▶ P.141

**Q** （メールで）先日は資料をお渡しできず、（　　　　　　）でした。

① すいません　　② すみません

## まとめ

友達に謝るときは「ごめん」以外の言い方をほとんど使いません。でも、目上の人に謝る言い方にはいろいろな種類があります。同じ言葉を繰り返さないで、いろんな言い方で謝ることができるようになるといいですね。ただ、一番大切なのは「ごめんなさい」というあなたの気持ちですよ！

When you apologize to a friend, you mostly say "ごめん". Nevertheless, there exist various forms of apologies, particularly when addressing someone of higher status. It would be advisable to familiarize yourself with different expressions rather than relying on repetitive phrases. Naturally, the most crucial aspect is conveying your heartfelt apology by "ごめんなさい"!

# 4 さようならを言う

To say goodbye

毎日言う言葉だから、
もちろん大切だよね！

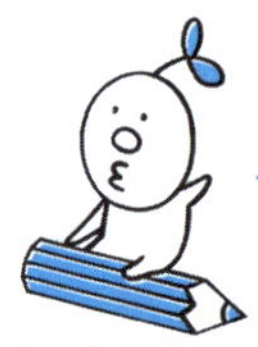

## 友達との会話

Level 1 …… じゃ！／ じゃあね。
ばいばい！

Level 2 …… では、また。／ 失礼します。

Level 3 …… 失礼いたします。

## 敬語

## Q.1 別れるときは「さようなら」じゃないの？

Don't you say "さようなら" as good-bye?

「さようなら」という言葉は、日常生活でほとんど使わないよ。学校の先生が学生に「さようなら」と言うことはあるんだけど、それ以外はあまりないかな。「さようなら」は「これからもずっとさようなら、もうあなたとは会いません」のような印象があるから、ドラマの中だったらよく聞く言葉だね。職場なら「失礼します」とか「お疲れ様でした」と言うことが多いよ。

We don't usually say "さようなら" in our daily lives. Sometimes teachers say "さようなら" to their students, but it is infrequently used other than that. "さようなら" is similar to "Good-bye. I will no longer see you again." which you might hear in TV dramas. It is more common to say "失礼します" or "お疲れ様でした" at work.

## Q.2 「失礼します」はどういう印象？

What impression is given by "失礼します"?

相手と別れるときに一番よく使う、丁寧な挨拶だね。「私、帰ります！」を丁寧に言った言葉だよ。これは、別れるときにも使えるし、部屋に入るときにも使える言葉だよ。

It is the most polite and common greeting when you are leaving someone. A formal speech for "I am going home." You can use it when you want to say goodbye or when entering a room.

## Q.3 「では、また」はまた会う人にしか使えないの？

Do you say "では、また" only to a person you are going to see again?

確かにそんな感じがするよね！ でも挨拶だから「また」会うつもりがない人にでも使うことがあるよ。「また」は「また会いましょう」という意味で、「では、また」は丁寧だけど「失礼します」より少しやわらか

い印象があるんだ。友達同士でも「またね〜！」とよく言うよ！



## Q.4 仕事ではいつも「失礼いたします」を使うの？

Do you always use "失礼いたします" at work?

ビジネスの場では「失礼します」でも十分丁寧なんだけど、「失礼いたします」を使えばもっと硬い印象を与えることができるよ。

Actually, "失礼します" is polite enough to be used in business settings, but "失礼いたします" can create a more formal impression.

 実際の会話での使われ方を見てみよう！　◀》 04

### ［友達との会話］

こうきさん

パクさん

### ［先輩との会話］

パクさん

ゆうきさん

そうなの？
じゃあ気をつけて帰ってね！

**1**

さようならを言う

ミニクイズ （　　）に言葉を入れてください。

答え ▶ P.141

（　　　　　）、失礼いたします。
しつれい

---

### ま と め

「失礼します」はビジネスの場でも使えるし、自分が部屋に入るときにも使えるからとても便利な言葉ですね。会話の中では「では、失礼します」のように「では」をつけることが多いです。友達同士なら「じゃ」になりますね。「では」をつけると、話をしっかり切り替えて「帰る」ということを伝えることができますよ。

"失礼します" is a convenient phrase that can be used in business settings or when you are entering a room. It is common to attach "では" such as "では、失礼します" in conversations. If you are with friends, you can say "じゃ". Attaching "では", allows you to change the topic and express clearly that "I am going home".

# 5 頼み事をする

たの　　ごと

丁寧に頼み事ができれば、
ていねい　たの　ごと
お願いを聞いてくれる確率が上がるかも！
ねが　　き　　　　かくりつ　あ

## 友達との会話
とも だち　　かい わ

**Level 1** ····　〜して。／〜してくれない？

**Level 2** ····　〜してください。

〜してもらえませんか。

〜してくれませんか。

**Level 3** ····　〜していただけませんか。

〜していただけるとありがたいのですが…。

## 敬語
けい ご

## Q.1 「〜して」と「〜してくれない?」は同じ?

Do "〜して" and "〜してくれない?" have the same meaning?

「〜してくれない?」の方が少し丁寧だね。「〜して」は、少し乱暴で命令されているような印象があります。仲の良い友達なら「〜して」と言えばいいけど、「〜してくれない?」の方がちょっと優しい印象になるよ。

"〜してくれない?" is a little more polite. "〜して" sounds a little strong and commanding. You can say "〜して" to close friends but "〜してくれない?" gives more gentle impression.

## Q.2 「〜してください」はどんな印象?

What impression is given by "〜してください"?

丁寧な言い方なんだけど、「してください」だと少し強めにお願いする言い方になってしまうから、相手がちょっと断りにくい感じになるかな。

It is a polite expression but "してください" sounds a little forceable when asking a favor, which makes the other person less likely to say no.

## Q.3 「もらえませんか」と「くれませんか」は同じ?

Do "もらえませんか" and "くれませんか" have the same meanings?

意味は同じだよ。「?」で終わる文章の方が、相手が断りやすい印象になるから「してください」よりもこの2つの言い方の方がもっと優しい印象になるんだ。

Yes, they do. When a sentence using either of them ends with "?", it allows the other person to say no, giving a more gentle impression compared to "してください".

## ［友達との会話］

こうきさん

ちょっと、そこの醤油とって。

パクさん

うん。

## ［先輩との会話］

パクさん

今、就活ですごく悩んでて…
相談にのってもらえませんか。

ゆうきさん

就活大変だよな。
僕でよければ、いつでも聞くよ。

店長、一階に荷物が届いたんですけど、
てんちょう　いっかい　　に もつ　　とど
一人で運ぶには重たくて…。
ひ とり　はこ　　　　おも
一緒に運んでいただけませんか。
いっしょ　はこ

1
頼み事をする

ミニクイズ　（　　　）に入る言葉を選んでください。
　　　　　　　　　　　　はい　ごと ば　えら
答え ▶ P.141
こた

**Q** 大変申し訳ないのですが、（　　　　　　　　　　　　）。
たいへんもう　わけ

① 手伝って　　② 手伝ってもらえませんか
て つだ　　　　　　て つだ

## まとめ

人に何かお願いするときには「？」の形で文章が終わった方がやわ
ひと　なに　ねが　　　　　　　　　　　　　　　　かたち　ぶんしょう　お　　　ほう
らかい印象になるし、相手が断りやすい印象を受けます。仲の良
いんしょう　　　　あい て　ことわ　　　　いんしょう　う　　　　なか　よ
い友達なら「〜して。」と文章を終わらせても問題ありませんが、丁
ともだち　　　　　　　　　ぶんしょう　お　　　　もんだい　　　　　　　てい
寧に言いたいときや、少し難しいお願いをするときなどは疑問文
ねい　い　　　　　　　　すこ　むずか　　　ねが　　　　　　　　　ぎ もんぶん
にするといいですよ。

When you ask a favor, use question sentences giving a more gentle impression, which allows the other person to say no. You can end a sentence by using "〜して" to close friends, but an question sentence would be better to be more polite or to ask a little complicated task.

# 6 お願いする前に使う表現

## 友達との会話

**Level 1** ····　ちょっと… ／ あのさ…。

悪いんだけど…

**Level 2** ····　あの… ／ すみませんが…

**Level 3** ····　申し訳ありませんが…

恐縮ですが…

恐れ入りますが…

## 敬語

# Level3の3つは、どう使い分けるの？

「申し訳ありませんが…」は、相手に迷惑がかかることを頼むときに使うことが多いかな。「申し訳ありませんが、もう少々お待ちください」みたいに、謝る気持ちが入るときによく使うよ。

「恐縮ですが」と「恐れ入りますが」は、ほとんど同じ意味だし、印象もあまり変わらないよ。相手にお願いするときに使うんだけど、「頼みにくいんですけど…」という気持ちが入っているので、遠慮しながら頼むときにぴったりだね。

“申し訳ありませんが...” is usually said to ask a favor which could cause some trouble. It is often used to convey a sense of apology at the same time such as“申し訳ありませんが、もう少々お待ちください”( I'm terribly sorry. Would you mind waiting a moment?) . Both “恐縮ですが” and “恐れ入りますが” are almost alike in that they are considered the same meanings. You use them to ask a favor conveying a sense of “頼みにくいんですけど...”(I hate to ask but...) which is the perfect expression when you modestly make a request.

［例］「お忙しいところ恐れ入りますが、お返事いただけますか」
「こちらの都合で恐縮ですが、日程を変更していただけますか」

1<br>お願いする前に使う表現



# こういう言葉を言わなかったら、どうなるの？

いきなり「ここに書いてくれますか」と言われたら、少し強くお願いされているように感じるよ。相手の人はびっくりするかもしれないし、嫌な気持ちになるかもしれないね。何かをお願いするときは「ごめんね」という気持ちが伝わった方がより丁寧な印象になるから、こういう言葉を最初に言った方が印象が良くなるんだ。

If you suddenly ask, "Write down here.", it will sound a little too forcible. The listener might become surprised or even feel uncomfortable about it. Using these words in

##  実際の会話での使われ方を見てみよう！　🔊 06

### ［友達との会話］

こうきさん

パクさん



### ［知らない人との会話］

パクさん

通りすがりの人

（　　　）に入る言葉を選んでください。
はい　　ことば　えら

答え▶P.141
こた

**Q**（　　　　　　　　　　　　　　　　　）こちらにお名前をお書きいただけますか。
　　　　　　　　　　　　　　　　　　　　　　　　　なまえ　　　か

① 申し訳ありませんが　　② 恐れ入りますが
　もう　わけ　　　　　　　　おそ　い

## まとめ

目上の人に何かをお願いするときは、「恐縮ですが…」「恐れ入りま
めうえ　ひと　なに　　　　ねが　　　　　　　　　きょうしゅく　　　　　　おそ　い
すが…」を前につけると丁寧になります。「申し訳ありませんが…」
　　　　まえ　　　　　　ていねい　　　　　　　もう　わけ
は、特に相手の迷惑になるようなことをお願いするときに使うこと
　とく　あいて　めいわく　　　　　　　　　　ねが　　　　　　　つか
が多いです。
おお

Attaching "恐縮ですが..." or "恐れ入りますが..." before
making a request to a person of higher status creates
a polite expression. "申し訳ありませんが..." is used espe-
cially when you ask for a help that might cause some
trouble to the other party.

# 了解する
りょう かい

## 友達との会話
とも だち　　かい わ

**Level 1** ‥‥ OK。／ わかった。／ 了解。
りょうかい

**Level 2** ‥‥ わかりました。／ 了解です。
りょうかい

**Level 3** ‥‥ かしこまりました。

承知しました。
しょう ち

承知いたしました。
しょう ち

## 敬語
けい ご

## Q.1 「OK」はよく使うの？

Do you always use "OK"?

友達同士で一番よく使う「了解」の言い方だよ。ビジネスの場でも、少し仲良くなった取引先の人となら「OKです」のように使うこともあるよ。

It is the most common reply as "了解" among friends. You can also say "OKです" to your close clients as well.

## Q.2 「OK」ってどんな言い方？

How do you say "OK"?

英語なら「オーケー」という言い方なんだけど、日本人は「オッケー」と、小さな「ッ」を入れて発音するよ。「オッケーオッケー」と2回言ったり、「オッケーわかった！」のように他の言葉と一緒に使うことも多いよ。

You say "オーケー" (OK) in English but Japanese pronounce "オッケー" (Okkay) by adding a small "ッ" (tsu) sound in between. It is often repeated twice "オッケーオッケー" (OK, OK), or used with another word "オッケーわかった！" (OK, wakatta!: OK, I got it!).

## Q.3 「了解です」って、「承知しました」と同じくらい丁寧じゃないの？

Is "了解です"as polite as "承知しました"?

よく間違えられるんだけど「了解」は自分より立場が下の人に使う言葉なんだ。会社なら同僚や部下に使うことができるけど、上司に使うと失礼だから気をつけてね。目上の人には「承知しました」を使おう。

It is often misunderstood, but "了解" is actually used for a person of lower status. You can use it with your co-worker or your team member at work, however, it is advisable to refrain from using it with your boss, as it may be considered impolite. Remember to respond "承知しました" to a person of higher status.

 ## 実際の会話での使われ方を見てみよう！　◀)) 07

## ［友達との会話］

明日、10時に渋谷ね。

OK！

## ［先輩との会話］

今日の会議の資料、
一緒に準備してもらいたいんですが…。

あ、了解です。

1
了解する

**ミニクイズ** （　　　）に入る言葉を選んでください。
はい こと ば  えら

答え ▶ P.141
こた

**Q** A：このあと、一緒にお昼ご飯食べようよ。
いっしょ  ひる はん た

B：（　　　　　　　　　　　　　）。

① 了解です　　② OK
りょうかい

**ま と め**

「わかりました」という言葉が一番一般的な言い方ですが、目上の
こと ば   いちばんいっぱんてき  い  かた    め うえ
人には「承知しました」や「かしこまりました」を使いましょう。友
ひと   しょう ち          つか     とも
達なら短く「OK」と返事をすることが多いです。
だち  みじか     へん じ    おお

"わかりました" is the most common way to reply, but
if you are speaking to a person of higher status, you
should use "承知しました" or "かしこまりました". You
can simply answer "OK" to friends.

# 8 確認する
かく にん

確認は大切だよね！
かくにん たいせつ
よく使う表現だから、聞いたときに理解できるようにしておこう。
つか ひょうげん き りかい

## 友達との会話
とも だち かい わ

**Level 1** ….. ～？／～でいい？

**Level 2** ….. ～でいいですか。

～で合っていますか。
あ

～で大丈夫ですか。
だいじょう ぶ

**Level 3** ….. ～でお間違いないでしょうか。
ま ちが

～でよろしいでしょうか。

## 敬語
けい ご

## Q.1 「〜でお間違いないでしょうか」と「〜でよろしいでしょうか」はどう違うの?

What is the difference between "〜でお間違いないでしょうか" and "〜よろしいでしょうか"?

「〜でお間違いないでしょうか」は、言葉の通り「間違いがないかどうか」を確認するためだけに使う言い方だよ。相手から言われたことやお願いされたことが、自分が理解していることと合っているかどうかを相手に確認したいときに使うことが多いね。
例えば、お店ではこのように使われているよ。

As the words indicate, "〜でお間違いないでしょうか" is used only to check whether "間違いがないかどうか". You mostly use it to verify whether you understand what the other person told you or asked you to do. For example, people say it in the shop as follows:

**(確認したいとき)**
(When you want to make a confirmation )

「こちらの商品でお間違いないでしょうか」
「こちらの商品でよろしいでしょうか」

**(許可をもらいたいとき)**
(When you need to ask permission )

「中は満席なので外のお席でもよろしいでしょうか」

## Q.2 「よろしかったでしょうか」って聞いたことがあるんだけど…。

I have heard "よろしかったでしょうか" before.

「よろしかったでしょうか」と確認をするときに言う人もいるよね。私も聞いたことがあるんだけど、実はこれは間違った言い方なんだ。「今」確認しているのに「よろしかった」と「た形」を使うのは変だよね。間違った言い方なんだけど、よくみんなが言ってしまう間違いだから、

それを聞いてどんどん間違える人が増えちゃったのかもしれないね。

 ## 実際の会話での使われ方を見てみよう！  🔊 08

### ［友達との会話］

えりこさん

パクさん

### ［知らない人との会話］

パクさん

通りすがりの人

すみません、
この靴の小さいサイズを出してもらえますか。

はい、少々おまちください。

（1分後）

お待たせいたしました。
こちらのサイズでお間違いないでしょうか。

ミニクイズ　（　　）に入る言葉を選んでください。　　答え▶ P.141

Q　お客様、こちらの商品で（　　　　　　　　　　）。

① よろしいでしょうか　　② よろしかったでしょうか

## ま と め

「お間違いないでしょうか」はビジネスの場でよく使われる言い方
です。何かを確認するときに「〜で合ってますか」と聞いても意味
は同じですが、より丁寧に言うには「お間違いないできないでしょ
うか」と言った方がいいですね。

"お間違いないでしょうか" is often said in business set-
tings. When you want to confirm something, you can
ask "〜で合ってますか" which also has the same mean-
ing. However, the first phrase should be used in order to
express more politely.

# 許可を得る
きょ か え
To ask permission

許可をもらう場面はよくあるよね。
きょか　　　　　　ばめん
OKと言ってもらえるようにうまく頼んでみよう！
　　　い　　　　　　　　　　　　　　　　たの

## 友達との会話
とも だち　　　かい わ

**Level 1** ‥‥ ～していい？

**Level 2** ‥‥ ～してもいいですか。

**Level 3** ‥‥ ～させていただいてもよろしいでしょうか。

～させていただいても問題ないでしょうか。
　　　　　　　　　　　　　　もんだい

## 敬語
けい ご

# 「させていただく」って、どういう意味？

What does "させていただく" mean?

これは、自分の動作を丁寧に言いたいときに使うよ。「私が◯◯することを許してもらう」という意味なんですが、相手に許可を求めるということは、相手の方が立場が上ということになるよね。だから、自分の動作について言うとき「させていただく」を使うと丁寧になるんだ。

This is used to explain politely what you are going to do. It means "I would like your permission to do something", so the person you are asking permission for should be of higher status than you. Using "させていただく" will allow you to explain about your own action politely



# 「させていただいてもよろしいでしょうか」って、どんな印象？

What is the impression of "させていただいてもよろしいでしょうか"?

とても丁寧な言い方なんだけど、使いすぎてしまうと、丁寧というよりも話が長くて何が言いたいかわからないような印象にもなってしまうよ。

It is supposed to be a polite form, but overusing it actually makes it difficult to get to the point instead of being polite.

⚠ [悪い例]

「本日はこちらのセミナーに参加させていただいて、お話を聞かせていただき、たくさんのことを勉強させていただきました。」

…なんだか長くて少しはっきりしないような印象があるよね。ただ敬語をたくさん使っているだけで、敬意が伝わりにくくなる場合もあるんだ。

It sounds too long and unclear, doesn't it? Using too many polite speeches sometimes prevents one from expressing politeness.

◎ [良い例]

「本日はこちらのセミナーに参加し、お話を聞かせていただき、たくさんのことを勉強することができました。」

…こっちの方が聞きやすいし気持ちが伝わりやすいよね。

This sounds more clear and allows the message to get through.

1<br>許可を得る

## ［友達との会話］

こうきさん

> このペン、借りていい？

パクさん

> あ、いいよ。

## ［先輩との会話］

パクさん

> 明日のゼミ、休んでもいいですか。

ゆうきさん

> えー、だめだよ。

お客様、一度カードをお預かりさせて
きゃくさま　いちど　　　　　　　あず
いただいてもよろしいでしょうか。

はい。

ミニクイズ （　　　）に入る言葉を選んでください。
　　　　　　　　　　　　はい　ことば　えら

答え ▶ P.141
こた

**Q** お預かり（　　　　　　　　　　　　　　）よろしいでしょうか。
　　　あず

① していただいても　　② させていただいても

---

### ま　と　め

「〜させていただいてもよろしいでしょうか」は、目上の人と話す場
　　　　　　　　　　　　　　　　　　　　　　めうえ　ひと　はな　ば
合に本当によく使います。でも、会話の中で何度も使ってしまうと
あい　ほんとう　　　つか　　　　　　かいわ　なか　なんど　つか
逆に失礼になってしまうこともあるし、気持ちが伝わりにくくなって
ぎゃく　しつれい　　　　　　　　　　　　　　きも　　つた
しまうこともあります。使いすぎないように、
　　　　　　　　　　　　つか
いろんな表現を覚えられるといいですね。
　　　ひょうげん　おぼ

"〜させていただいてもよろしいでしょうか" is often used
when speaking with a person of higher status. However,
overusing this phrase could be insulting or prevent you
from conveying your thoughts. Try to learn different ex-
pressions and avoid repeating the same ways of saying.

# 自分の希望を伝える

## To communicate your needs

自分の気持ちを伝えるときも、
丁寧に言おう！

## 友達との会話

**Level 1** …… ～したい。

**Level 2** …… ～したいです。

**Level 3** …… ～できればと思います。

～できればと存じます。

～させていただければと思います。

～させていただければと存じます。

～させていただきたいと思っております。

## 敬語

※「思います」より「存じます」の方が硬い印象になります。

# 「できればと存じます」って、どういう意味？

What does "できればと存じます" mean?

「できればと」って、意味がわからないよね！ これには「できれば（いいな）」という言葉が隠れています。「存じます」は「思います」と同じだから「できればいいな、と思っています」つまり、「〜したいと思っている」という意味になるよ。

"できればと" doesn't seem to make sense! This usage has a hidden meaning "できれば（いいな）"( I want to accomplish something.). "存じます" is the same as "思います", so "できればいいな、と思っています" means "〜したいと思っている".



# 「〜できればと存じます」と「〜させていただければと存じます」はどう違う？

What is the difference between "〜できればと存じます" and "〜させていただければと存じます"?

どちらも同じ場面で使うことが多いけど「〜させていただきたい」という言い方をすると、もっと自分のやりたいことを丁寧に言うことができるよ。「誰かに許可をもらって何かをする」というような意味になるので、自分がする行動をもっと丁寧に言うことができるんだ。

Both of them can be used in the same situation but "〜させていただきたい" conveys your action more politely. It signifies that you will undertake an action with the consent or permission of another person, effectively conveying your intentions in a polite manner.

1 自分の希望を伝える

 ## 実際の会話での使われ方を見てみよう！　10

### ［先輩との会話］

ゆうきさん

お昼ご飯、どうする？

ラーメンが食べたいです！

パクさん

### ［上司との会話］

藤原さん
ふじわら

新商品の企画はどう？　順調？

少し問題がありまして…
その件については、来週ご相談させて
いただければと思っております。

アインさん

（　　）に入る言葉を選んでください。

答え ▶ P.141

**Q** 明日、お会い（　　　　　　　　　　　　）と存じます。

① したい　　② できれば

1 自分の希望を伝える

## まとめ

「〜したい」と自分の気持ちを伝えるときは、「〜したいです！」とはっきり言うよりも、少し遠回しに言った方が丁寧です。目上の人には「〜させていただく」や「〜できればと思います」のように遠回しな表現を使いましょう。ただ、目上の人でもカジュアルな会話で使うと少し不自然になってしまいます。例えば、お昼ごはんに食べたいものを上司に聞かれたときには「そばを食べられればと思います」ではなくて「そばが食べたいです」で十分です。今回勉強した表現は「許可をもらって何かをする」ときに使うものなので、このように許可が必要ない場面で使うと不自然になってしまうことがあるので注意しましょう。

To tell someone your feeling of "〜したい", using an indirect expression is considered more polite than clearly saying "〜したいです!" You should speak with indirect expressions to a person of higher status, using "〜させていただく" or "〜できればと思います". These expressions may sound somewhat formal or awkward in a casual conversation, even when interacting with someone of higher status. For example, if your boss asks you what you want for lunch, you can answer "そばが食べたいです", not "そばを食べられればと思います". The expressions we learned here should be used "when you need permission to take an action" not when it is unnecessary or else it would be odd in such a situation.

# 11 意見を言う
### To give your opinion

## 友達との会話

**Level 1** …… ～した方がいいよ。　／　～なんじゃない？

**Level 2** …… ～した方がいいと思います。

～するべきだと思います。

～ではないですか。

～じゃありませんか。

**Level 3** …… ～したらどうかと思うんですが…。

～するのはいかがでしょうか…。

～が良いかと思います。

## 敬語

## たくさんあるけど…どれを使えばいいの？

どれも同じ意味なので、違いはほとんどないよ。相手に自分の意見を言うときは、あまりはっきり言いすぎると相手が傷ついてしまうことがあるよ。だから、はっきり「〜です！」と言わずに「〜と思います」や「ですが…」のように、あいまいに言うと優しい印象になるよ。もちろん、会社の会議などで意見をはっきり言わないといけない場面もあるから、使い分けることも必要だね。

All of these expressions convey the same meaning, so there isn't a significant distinction among them. When expressing your opinion, using an assertive tone may potentially cause discomfort or hurt others' feelings. Instead of clearly stating "〜です！", using ambiguous endings such as "〜と思います" or "ですが…" will give gentle impression. Of course, you sometimes need to be assertive in a meeting, so it is important to choose forms that match your situation.



## 「〜と思います」は、どういう印象？

「〜した方がいいですよ」と言うと指示をしているような印象になるけど、「〜した方がいいと思います」と言ったら、「私はこう思っているけど、選ぶのはあなたですよ」という意味に聞こえるので、少しやわらかい印象になるよ。特に目上の人には指示をしているような印象を与えると失礼になってしまうので、できるだけあいまいに言うようにしよう！

While "〜した方がいいですよ" seems like you are giving an order, "〜した方がいいと思います", which means "you can make the decision yourself although this is my opinion", gives a little more gentle impression. Try to speak indirectly especially when you speak with a person of higher status to avoid commanding expression!

## ［友達との会話］

えりこさん

この服どうかな？　似合う？

パクさん

うーん…ちょっと似合わないんじゃない？
赤色の方がいいよ。

## ［先輩との会話］

パクさん

このお知らせは、みんなが見えるところに
貼った方がいいと思います。

ゆうきさん

あ、そうだね。
貼っておいてくれる？

売上を上げるために、
もっとSNSに力を入れるべきだと思うのですが、
いかがでしょうか。

たしかに、そうだね。

**1**

意見を言う

**ミニクイズ** （　　　）に言葉を入れてください。　　　　答え▶ P.141

毎朝、仕事を始める前にみんなで体操をしたら（　　　　　　　　　）。

---

## まとめ

自分の意見を言うときは「〜だと思います！」とはっきり言うよりも、「〜だと思いますが…」や「〜だと思うのですが、いかがでしょうか」のように、あいまいに言ったり、相手の意見を聞く姿勢を見せることがとても大切です。

When you give your opinion, it is important to show that you are willing to listen to other opinions, by using ambiguous phrases such as "〜だと思いますが…" or "〜だと思うのですが、いかがでしょうか", instead of clearly stating "〜だと思います！".

# 12 断る
ことわ

はっきり断ると、
失礼になってしまうこともあるかも…？
しつれい

## 友達との会話
とも だち　　　かい わ

**Level 1** ……　〜できない。　／　ごめん。

**Level 2** ……　〜できないと思います。
おも

すみません。

すみません＋理由＋お礼
りゆう　れい

**Level 3** ……　（ちょっと）難しいです。
むずか

（ちょっと）厳しいです。
きび

※本当は〜したいけど、という気持ちも伝えるともっといい
ほんとう　　　　　　　　　　　きも　つた

## 敬語
けい　ご

# 「すみません＋理由＋お礼」？

What is "すみません+ reason + gratitude"?

「すみません」と言えば、はっきり断ることができるよ。でも、相手がせっかく誘ってくれたのに断るわけだから、できるだけ相手が嫌な気持ちにならないように断りたいよね。そういうときは、断る理由と感謝の気持ちを一緒に伝えよう。

You can say no clearly with "すみません". But you might as well not make the other person feel bad when declining his or her offer. In that case, you should explain a reason why and also show your gratitude at the same time.

[例]

> 「すみません、今日は用事があるので行けないんです。でも誘ってくれてありがとうございます。また行きましょう！」

前向きな言葉を使うと、より丁寧に断ることができるよ。

You can say no politely by using positive words.



# 「厳しい」「難しい」って、断る意味になるの？

Do "厳しい" and "難しい" mean the same as saying no?

断るときに使うと「それをするのが難しい」という意味になるよ。「難しい」ということは「できない」という意味になって、はっきり言わずに断ることができるんだ。それをすることが不可能だと言うときでも「ちょっと厳しいです」のような言い方をすることが多いよ。実際は「ちょっと難しい」ではなく「絶対にできない」なんだけどね！

Using them to say no means "it is difficult to do it." "難しい" means "できない"(not possible) enabling you to refuse without being assertive. Even when it is impossible, you often say "ちょっと厳しいです"(It's a little difficult.). Although it actually means "絶対にできない"(Absolutely not possible!), not "ちょっと難しい"(Not easy to do it)」！

## ［友達との会話］

えりこさん

今日、カラオケ行く？

ごめん、行けない。
今日、約束があるんだ。

パクさん

## ［先輩との会話］

ゆうきさん

このあと、飲みに行くでしょ？

すみません、
今日はちょっと体調が悪くて…。
誘ってくださってありがとうございます。

パクさん

ゆうきさん

えー！ 大丈夫？
早く帰って休んでね。

藤原さん
ふじわら

アインさん

**1**

断
る

 （　　　）に入る言葉を選んでください。　　　答え▶ P.141

**Q** A：これ、もう少し安くできないですか。

B：いやぁ…ちょっと（　　　　　　　　　　　）。

① 苦しいです　　② 厳しいです　　③ まずいです

---

## まとめ

断るときは「できません」「嫌です」のようにはっきり言うと相手を傷つけたり、失礼になってしまうことがあります。「〜なので…」と理由を言うだけで、相手を嫌な気持ちにさせないで断ることができます。「ちょっと…」や「厳しいです」「難しいです」のように、はっきり言わない言い方を覚えておくと便利ですよ。友達でも目上の人でも、断ったあとに理由を言うとより優しく断ることができます。

If you decline an offer assertively by saying "できません" "嫌です", it can hurt other person's feelings or become rude. If you explain the reason why using "〜なので", you can say no without making others feel uncomfortable. It will be convenient if you learn ambiguous expressions such as "ちょっと…", "厳しいです" and "難しいです". Whether speaking with friends or a person of higher status, explaining the reason why afterward will enable you to refuse gently.

# 間違いを指摘する

## 友達との会話

**Level 1** ···· 間違ってるよ。

**Level 2** ···· 間違っていると思います。
〜だと思います。

**Level 3** ···· おそらく、〜かと思います。

## 敬語

## Q.1 「おそらく」って、いつ使うの？



これは「たぶん」と同じ意味だよ。何か自分の意見を言ったり、間違いを指摘するときに、はっきり「こうだ！」と言うのではなくて「おそらく」を前につけて言うと、とても丁寧な印象になるんだ。自分が自信をもっていたとしても「おそらく」とつけておくと、相手が嫌な気持ちになりにくいと思うよ。

This has the same meaning as "たぶん". You can attach "おそらく" in the beginning when you want to tell your opinion or point out mistakes politely, instead of saying "こうだ!". Even if you are confident about your opinion, attaching "おそらく" will prevent another person from feeling uncomfortable.

## Q.2 「かと思います」をつけると、どういう印象になる？



この「か」は「〜だろうか」という意味が隠れているよ。「自分でもはっきりわからないけど…」という意味が入っているから「〜だと思います」と言うよりも「〜かと思います」の方が優しく指摘することができるんだ。

This "か" has a hidden meaning of "〜だろうか". It means "although I am not certain..." which gently allows one to make a suggestion by attaching "〜かと思います" instead of "〜だと思います"

## ［友達との会話］

パクさん

この問題の答えは、2番かな。

え？ それ間違ってるよ。

えりこさん

## ［先輩との会話］

ゆうきさん

これってここに置いていいんだっけ？

いや、それは左の棚だと思います。

パクさん

1
間違いを指摘する

**ミニクイズ**（　　　）に言葉を入れてください。
ことば　い

答え▶ P.141
こた

（　　　　　　　）、ここは1番が正しい答えかと思います。
ばん　ただ　こた　おも

---

## ま　と　め

相手の間違いを注意するときは、はっきり言うと失礼になる場合
あいて　まちが　ちゅうい　い　しつれい　ばあい
が多いです。「おそらく～」や「～かもしれない」や「～かなと思い
おお　おも
ます」のように、あいまいな言葉をつけると優しく注意することが
ことば　やさ　ちゅうい
できます。言葉だけではなく、表情も優しく少し申し訳ないよう
ことば　ひょうじょう　やさ　すこ　もう　わけ
な顔をしながら言うと、より遠回しに間違い
かお　い　とおまわ　まちが
を伝えることができますよ。
つた

When pointing out another person's mistake, it is often
considered rude to use direct expressions. Attaching
ambiguous words such as "おそらく～" or "～かもしれ
ない" and "～かなと思います" enables you to kindly cor-
rect mistakes.  You should also show a gentle and a
little reserved look on your face to indirectly point out
the mistake.

# 14 手伝う、自分から申し出る

To help, to offer help

なんでも協力してくれる人って、
魅力的だよね～！

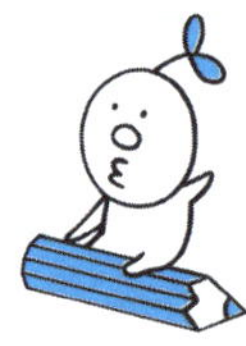

## 友達との会話

**Level 1** …… 手伝うよ。 ／ 手伝おうか。
～手伝ってあげようか。

**Level 2** …… お手伝いします。
手伝いましょうか。

**Level 3** …… お手伝いいたします。
お手伝いいたしましょうか。

## 敬語

## Q.1 「助けましょうか」という言い方は使ってもいい?

Do you say "助けましょうか"?

誰かの手伝いをするとき、「助けましょうか」という言い方はしないよ。「手伝いましょうか」と声をかけるのが一番自然なんだ。でも、具体的に何を手伝うかをはっきりと言うこともできるよ。例えば「お荷物をお持ちいたします」のような感じで、「お／ご〜いたしましょうか」と言うことができるんだ。

You don't say "助けましょうか" when you want to offer help. It is more natural to ask "手伝いましょうか" . But you can ask exactly how you want to help. For example, by using "お／ご〜いたしましょうか" such as "お荷物をお持ちいたします"(Let me carry your luggage.) .

## Q.2 「〜します」と「〜しましょうか」は どちらが丁寧?

Which is more polite form, "〜します" or "〜しましょうか"?

どっちも丁寧だよ。「お手伝いいたします」と言うときは、もう手伝おうとする動きをしながら言うことが多いかな。「お手伝いしましょうか」と聞かれたら「大丈夫です」と断ってしまう人も多いと思うんだ。でも「お手伝いいたします!」と言いながら荷物を持ってあげると、助けようとする気持ちを強く伝えられると思うよ。

They are both polite forms. "お手伝いいたします" is used when you are about to help. There are many people who decline your offer by saying "大丈夫です" after being asked "お手伝いしましょうか". Instead, if you say "お手伝いいたします!" and then carry the luggage immediately, you can show you are really trying to help.

## Q.3 何を手伝えばいいかわからないときは どうするの?

What can you do when you are not certain how to offer help?

「何かできることはありませんか」とか「何かお手伝いすることはありますか」と聞けばいいよ。助けようとしてくれている気持ちが伝わるから、言われた人はすごくうれしいと思う！

 **実際の会話での使われ方を見てみよう！**　　🔊 14

## ［友達との会話］

えりこさん

パクさん

## ［先輩との会話］

パクさん

ゆうきさん

課長、何かお持ちしましょうか。
か ちょう　なに　　　も

ありがとう、助かるよ。
たす
お土産いっぱいもらっちゃってさ。
み や げ

1

手伝う、自分から申し出る

ミニクイズ（　　　）に入る言葉を選んでください。
はい　こと ば　えら

答え▶ P.141
こた

部長、お忙しそうですね。
ぶ ちょう　　いそが
何か（　　　　　　　　　　　　　　　　）はありませんか。
なに

① したいこと　② やりたいこと　③ できること　④ できないこと

## まとめ

目上の人を手伝うときは「お手伝いいたします」や「お手伝いいた
め うえ　ひと　て つだ　　　　　　　　　　て つだ　　　　　　　　　　　て つだ
しましょうか」と質問するといいです。具体的に言うなら「お／ご
しつもん　　　　　　　　　　　　　　ぐ たいてき　い
〜いたします／いたしましょうか」と聞きましょう。具体的に何を
き　　　　　　　　　　　　　　ぐ たいてき　なに
手伝えばいいかわからないなら、「何かできることはありませんか」
て つだ　　　　　　　　　　　　　　なに
と質問すると、助けたいという気持ちがよく伝わりますよ。
しつもん　　　　たす　　　　　　　　き も　　　　　つた

You can say "お手伝いいたします" or "お手伝いいたし
ましょうか" to help a person of higher status. If you are
to offer specific help, you should ask "お／ご〜いたしま
す／いたしましょうか". If you are not certain what to do,
you should ask "何かできることはありませんか" (Is there
anything I can do?)」 to show you are trying to help.

# 「慇懃無礼」って何？

みなさんは「慇懃無礼」という言葉を聞いたことがありますか？ いや…意味の前に、読み方がわからないよ！ と怒りたくなるくらい漢字が難しいですね。「慇懃」というのは、人に対して言葉遣いや態度が丁寧なことです。「無礼」は漢字を見たままですね。「礼儀がない」「失礼」という意味です。つまり「慇懃無礼」というのは、丁寧なんだけど失礼ということです。…え？ 相手に対して丁寧に接するのに、失礼ってどういうこと？ と不思議に思うかもしれません。「慇懃無礼」には、①言葉は丁寧だけど、心の中では相手を下に見ている、②丁寧すぎて失礼に感じる、という2つの意味があります。日本の社会では、敬語を使いこなせなければ人間関係や仕事がうまく進みません。敬語を使うことは本当に大切なんですが、逆に敬語を使いすぎると、相手が「失礼だ」「バカにされている」という印象を持ってしまうこともあるんです！

## What is "慇懃無礼" (superficial politeness)?

Have you ever heard the word "慇懃無礼" (superficial politeness)? You might say No…, right? before we delve into its meaning, the pronunciation might be quite perplexing! The kanji characters can indeed be challenging. "慇懃" refers to being polite in one's choice of words and attitude towards others. "無礼" literally means "lack of manners" or "rude". Therefore, "慇懃無礼" essentially means being polite yet somehow disrespectful.

You might wonder what it means to be polite and impolite. There are two meanings for "慇懃無礼": ① being courteous outwardly while looking down upon the other person inwardly, ② Being excessively polite to the extent that it feels rude. In Japanese society, mastering the art of polite speech is crucial for successful relationships and professional interactions. While using polite speech is undeniably important, using it excessively can sometimes give the impression of being 'disrespectful' or 'being looked down upon' by the other party.

# 第2章

## 場面に合わせた敬語の使い方

## △ ちょっと残念な話し方
ざんねん　はな　かた

### ［先生との会話］ 🔊 15
せんせい　　かいわ

パクさん

あ、ゆか先生！ **お菓子食べますか。①**
せんせい　　　かしたべ

ゆか先生
せんせい

え？ あぁ、じゃあもらおうかな…。

次の授業、何時からですか。
つぎ　じゅぎょう　なんじ
ちょっとお菓子食べながら**話しましょうよ。②**
かしたべ　　　　　　はな

授業は10時からだけど…。 準備があるから、ごめんね。
じゅぎょう　じ　　　　　　　　　　　じゅんび

えー！ ちょっとだけ**いいじゃないですか！③** ね？

いや…。

先生に対してこれだとちょっと失礼かな。
せんせい　たい　　　　　　　　　　しつれい
誘ってくれるのはうれしいけどね！
さそ

## ① 食べますか。（食べ物を渡したいとき）

# 召し上がりますか。

Would you like to have some?

「お菓子食べますか」という質問の仕方は、先生に対してだとカジュアルすぎます。まず、「食べますか」は「召し上がりますか」という言葉に変えましょう。「お菓子はいかがですか」という聞き方でも丁寧ですね。「おいしいお菓子があるんですが…」のように、突然質問しないで、少し前置きの言葉があればもっと良くなると思いますよ。

Asking " お菓子食べますか "(Do you want some snacks?) is too casual when speaking with a teacher. First, you need to change " 食べますか " (Do you want to eat?) to " 召し上がりますか " (Would you like to eat?). You can also ask " お菓子はいかがですか " (Would you like to have some snacks?) which is a polite expression. It would be more polite to initiate a conversation with an introduction such as, "You know, I actually have some delicious sweets here..." rather than abruptly offering one.

### 似ている表現

● いかがですか。／ いかがでしょうか。

● ぜひ召し上がってください。

## ② 話しましょうよ。（話したいとき）

# お話できませんか。

May I talk to you?

目上の人に「話しましょうよ」と突然誘うのは少し丁寧さが足りない印象です。相手にとって、時間はとても大切なものです。その時間を使って自分と話をして

ほしいと言うわけですから、「しましょう！」と強く誘うのではなくて「できません
か」と遠慮しながら聞いた方がいいですね。

Suddenly asking "話をしましょう" (Let's have a talk.) a person of higher status abruptly might appear somewhat impolite. Considering that time is valuable for everyone when you request their time for a conversation, it is advisable to do so with due respect " できませんか (Can you ～ ?) in-stead of persuading " しましょう！ (Let's do it!).

### 他の例

- 一緒にお昼ご飯食べましょうよ！ → お昼、ご一緒しませんか。
- コーヒー飲みましょうよ！ → コーヒーでもいかがですか。

## ③ ちょっとだけいいじゃないですか！（お願いしたいとき）

# 少しだけでも、難しいですか…？

Could you spare a moment...?

「いいじゃないですか！」と強く相手に許可を求めるのは失礼ですね。基本的に
目上の人に対して、断られても強く何かをお願いすることは少し失礼になりますが、どうしてもお願いするときは、もっと丁寧にお願いしましょう。「お願いします！」という強い言い方ではなく、「少しの時間でも、一緒に話せないですか…？」と遠慮しながら聞いてみるのがいいでしょう。あまりしつこく聞くと相手も困ってしまうので気をつけましょうね。

It is impolite to force someone to give you permission by saying " いいじゃないですか！ " (Why not?). Basically, it is a little impolite to try to persuade a person of higher status after being re-fused once. But if you need to ask again, remember to speak more politely. Instead of strongly asking " お願いします！ " (Please!), you should be balanced enough to say " 少しの時間でも、一緒に話せないですか…？ " (Can we talk even for a short period of time?). Remember not to be too persistent or else the other person might feel stressed.

### 似ている表現

- どうしてもお願いしたいのですが…。
- ～できればありがたい ／ ～できればうれしいんですが…。

## ◎ 素敵な話し方
すてき　はなし　かた

### ［先生との会話］🔊 16　　　［translation］P.142
せんせい　かいわ

パクさん

ゆか先生
せんせい

# 学校の先生と話をする②
### Having a conversation with the school teacher②

## △ ちょっと残念な話し方

### ［先生との会話］ 🔊 17

パクさん

あ、先生！わからない問題があって、聞きたいんです。**今聞いてもいいですか。**①

ゆか先生

え？ 今ですか。今はちょっと…これから約束があるので、違う日でも大丈夫ですか。

そうですか。**いつがいいですか。**②

明日の午後1時はどうですか。

**いいですよ。**③

じゃあ、明日の午後1時に
A教室に来てください。

勉強熱心でいいね！ でも、先生に質問をしたいんだったら、まずは先生が忙しくないかどうかを確認しなきゃいけないよ。

## ① 今聞いてもいいですか。（時間があるか聞きたいとき）

# 今、お時間よろしいでしょうか。

Could I have a moment?

「お時間よろしいでしょうか」は、時間があるかどうかを目上の人に聞くときによく使う言い方です。先生や上司などの目上の人は、忙しいのが普通です。忙しいときに、自分のために時間を使ってくれるということなので、できるだけ丁寧にお願いをしましょう。少し申し訳なさそうな顔をして聞くと、もっといいですね！

" お時間よろしいでしょうか " (Could I have a moment?) is often used to ask a person of higher status, about availability. People, such as your teacher or your boss, typically have quite demanding schedules. When asking for their time, it is advisable to employ the utmost politeness and consideration. Additionally, presenting a slightly apologetic demeanor when making such a request is often appreciated.

**似ている言い方**

- 今、お時間ございますか。
- 今、ちょっとよろしいでしょうか。

## ② いつがいいですか。

# いつがご都合よろしいでしょうか。

When would it be convenient for you?

「いつなら空いていますか」という意味なんですが、「空いていますか」とか「ひまですか」のような聞き方は少し失礼です。「ご都合よろしいでしょうか」と聞きましょう。決まった日にちがある場合は「明日のお昼はご都合いかがでしょうか」のように聞くこともできますよ。

It means " いつなら空いていますか " (When are you available?) but asking " 空いていますか " (Do you have time?) or " ひまですか " (Are you free?) is actually rude. You should use " ご都合よろしいでしょうか " (When would be convenient for you?). If you want to ask about a specific date, you can ask " 明日のお昼はご都合いかがでしょうか " (Would it be convenient for you to meet for tomorrow's lunch?).

### 似ている表現

- ご都合いかがでしょうか。
- いつならお時間ございますか。

## ③ いいですよ。（OK するとき）

# その日時でお願いします。

That date and time is fine with me.

あなたのために時間を調整してくれたのに「いいですよ」という返事は少し失礼です。「いいですよ」は「いい／悪い」と、相手の言ったことを評価している印象になります。目上の人を評価するというのは失礼ですよね。だから「いいですよ」ではなく、「その時間でよろしくお願いします」のように、調整してくれたことへの感謝を伝えましょう。「ありがとうございます」を付けて言うと、もっといいですね。

It is impolite to respond " いいですよ " (That's fine.) if the appointment was scheduled on a date that is convenient solely for your availability. " いいですよ " gives an impression that you are judging " いい / 悪い " (good/bad) on what the other person has said. Certainly, it is considered impolite to judge individuals of higher status. Instead of " いいですよ ", you should express your gratitude for arranging the schedule as " その時間でよろしくお願いします " (That date and time is fine with me.).

### 似ている表現

- その時間でよろしくお願いします。
- はい、大丈夫です。

## ◎ 素敵な話し方
すてき はな かた

### ［先生との会話］ 🔊 18
せんせい かいわ

[translation] P.142

パクさん

あ、先生！
わからない問題があって、先生にお聞きしたいのですが…
今、お時間よろしいでしょうか。①

ゆか先生

すみません。これから用事があるので、
別の日でもいいですか。

そうですか。突然お願いしてすみませんでした。
いつがご都合よろしいでしょうか。②

明日の午後1時はどうですか。

はい、その日時でお願いします。③
ありがとうございます！

先生や上司に時間を使ってもらうときは、「ありがとうございます」という
感謝の気持ちも忘れないでね。

# 3

# 学校の先生と話をする③
（がっこう　せんせい　はなし）

## Having a conversation with the school teacher③

### △ ちょっと残念な話し方
（ざんねん　はな　かた）

［先生との会話］（せんせい　かいわ）◀))19

パクさん

ゆか先生（せんせい）

## ① その説明はわかりません。（わからなかったとき）

# 少しわかりにくいところがあるのですが…。

I'm having some difficulty comprehending it….

「わかりません」とはっきり言うよりも、「少し」や「わかりにくい」という言葉を使ってあいまいに言った方が丁寧な印象になります。実際は全然わからなくても「全然わかりません！」と言うより「わからないところがあります」のような言い方の方が、やわらかくて丁寧な印象になりますよ。

It would be better to use ambiguous words such as "少し" (a little) or "わかりにくい" (hard to understand) instead of directly saying "わかりません" (I didn't get it.). Even if you still don't understand it at all, "わからないところがあります" (There is something I don't understand.) should be more gentle and polite compared to "全然わかりません！"( I don't understand it at all!).

### 他の例

- 変です。→ 少しおかしい気がします。
- 間違っています。→ 少し違うかなと思うのですが…。

## ② もう一度言ってください。

# もう一度ご説明していただけませんか。

Would you mind explaining it again?

「〜してください」も丁寧なお願いの言い方なんですが、先生にお願いするなら「お／ご〜ていただけませんか」の言い方を使うともっと丁寧です。授業中なら先生が説明することは当たり前だからそんなに丁寧に言わなくてもいいかもしれませんが、他の場面で先生に何かお願いするならぜひ使ってほしい言い方ですね！

"〜してください" (Could you please 〜?) is a polite way to ask, but if you are talking with a teacher, "お / ご〜ていただけませんか" (Would you mind doing 〜?) would be much polite. However, you need not be excessively formal during class as the teacher typically provides further explanations. Still, it is beneficial to acquire this polite expression for use when making requests in other situations.

**似ている表現**

● もう一度ご説明していただけますか。

## ③ 違います。（相手の間違いについて言いたいとき）

# それではなくて…。

It is not that....

目上の人に「違います！」とはっきり否定する言葉を使うのは失礼です。「〜ではない／じゃない」のように、優しく否定しましょう。「Aではなくて、Bなんですが…」のように、最後まではっきり言わない言い方だと、より優しく間違いを指摘することができますよ。

It is impolite to deny using assertive words such as "違います！" (That's wrong.) to a person of higher status. You should softly deny another opinion by saying "〜ではない / じゃない" (it is not 〜). In addition, using expressions that do not provide a complete conclusion such as "A ではなくて、B なんですが…" (it is not A but B …) allows you to kindly address the errors made by others.

## ◎ 素敵な話し方
（すてき　はな　かた）

### ［先生との会話］（せんせい　かいわ）🔊 20

［translation］P.142

先生！（せんせい）
今のところ、少しわかりにくいところがあるのですが…。①（いま）（すこ）

はい、どこですか。

その文法の使い方です。（ぶんぽう　つか　かた）
もう一度ご説明していただけませんか。②（いちど　せつめい）

あ、この文法の使い方ですね。（ぶんぽう　つか　かた）

あ、それではなくて…③ その一つ前の文法なんですが…。（ひと　まえ　ぶんぽう）

この文法ですね。すみません。（ぶんぽう）
ではもう一度説明しますね。（いちど　せつめい）

ありがとうございます。

先生に何かお願いすることはよくあるよね。「～してください」という文法は使いやす（せんせい　なに　ねが）（ぶんぽう　つか）
いけど「お／ご～ていただけませんか」の言い方ができるようになると、「言葉遣いが丁（い　かた）（ことばづか　てい）
寧だな。」という印象を与えることができるよ。練習して、使えるようになろう！（ねい）（いんしょう　あた）（れんしゅう　つか）

# 4

# 初めて会う人に挨拶をする
はじ　　あ　　ひと　　あい　さつ

## To greet someone you met for the first time

### △ ちょっと残念な話し方
ざん ねん　　はな　　かた

[初めて会う人との会話] 🔊 21
はじ　あ　ひと　かい わ

あれ ①、もしかしてゆか先生ですか。
せん せい

はい、そうですよ。

うわー！本物だ！
ほん もの
いつもゆか先生の動画見てますよ！②
せん せい　　どう が み

本当ですか！ありがとうございます。
ほん とう

写真撮りましょう！③ 一緒に！
しゃ しん と　　　　　　　いっ しょ

あ、撮りましょうか。
と

こうやって声をかけてもらえるのは、すごくう
こえ
れしい！でも、初対面の人ならもう少し丁寧
しょ たい めん　ひと　　　　　すこ　ていねい
な言葉を使った方がいいかな。
こと ば　つか　　ほう

## ① あれ（話しかけるとき）

# 失礼ですが…。

Excuse me...

初めて会う人にいきなり声をかけるのは少し失礼ですね。自分は相手のことを知っているけど、相手は自分のことを知らない、という場面は生活の中でもよくあると思います。突然話しかけると相手もびっくりしてしまうので、声をかけるときに「あの、失礼ですが○○さんですか」のように話しかけると、相手を驚かせずに自然と会話を始めることができます。

It can be considered somewhat impolite to initiate a conversation abruptly with someone you have just met. In our daily interactions, there often comes a time when we are familiar with the other person, but they are not yet familiar with us. Initiating a conversation without a preamble can potentially disrupt the other person's comfort. To prevent this, it is advisable to begin with an introductory question or greeting " あの、失礼ですが○○さんですか " (Excuse me, are you ○○ ?) and smoothly continue the conversation.

### 似ている言い方

- あの、すみません。
- 突然お声がけしてすみません。

## ② 動画見てますよ!

# 動画、拝見しています。

I watch your videos.

「見ています」の謙譲語は「拝見しています」ですね。初めて会った人には、謙譲語を使うともっと丁寧な印象になります。生活の中では、その人の話だけ聞いた

ことがあるけど初めて出会うという場面が多いと思います。「○○さんからお話を
よくお伺いしております」というように、「あなたについて以前から話を聞いていま
したよ」と話しかけると、とても自然です。

As you know, humble speech for " 見ています " (I always watch it.)」 is " 拝見しています ". Using a humble speech to someone you meet for the first time gives a polite impression. It often happens when you have heard about that person before, but you meet him/her in person for the first time. It is natural to start a conversation by saying " ○○さんからお話をよくお伺いしております " (I always hear about you from ○○ .)」 meaning " あなたについて以前から話を聞いていましたよ " (I have always heard about you.).

**似ている表現**

● ○○さんから、お話をお伺いしております。

### ③ 写真撮りましょう！一緒に！（一緒に写真を撮ってほしいとき）

> # もしよかったら、
> # 一緒にお写真を撮っていただけませんか。
>
> Do you mind taking a photograph together?

友達だったら「一緒に写真を撮ろう！」という言い方でもいいのですが、初めて会
った人なら「写真を撮ってくれますか」とお願いをするような聞き方がいいです。
もっと丁寧に言うと「写真を撮っていただけませんか」になりますね。聞く前に
「もしよかったら…」をつけると、もっと丁寧になりますよ。

If it okay to say " 一緒に写真を撮ろう！ " (Let's take a photo together!) to a friend, but if you are speaking with a person you met for the first time, it would be better to politely ask "写真を撮ってくれますか。" (Can we take a photograph?). To speak more politely, you can say " 写真を撮っていただけませんか。" (Can we please take a photograph together?). You can attach " もしよかったら… " (If you don't mind…) before the question to even sound more polite.

**似ている表現**

● もしよければ…　／　よろしければ…

● 写真を撮っていただけませんか　／　写真を撮っていただきたいのですが…

## ◎ 素敵な話し方

### ［初めて会う人との会話］ 🔊22　　　　　　　[translation] P.143

アインさん

失礼ですが、①
もしかしてゆか先生ですか。

ゆか先生

はい、そうですよ！

わー！ はじめまして。私、アインと申します。
いつもゆか先生の動画をYouTubeで拝見しています！②

本当ですか！ すごくうれしいです！ ありがとうございます！

あの…もしよかったら、一緒にお写真を
撮っていただけませんか。③

もちろん！ 撮りましょう！

「です」「ます」だけではなく、謙譲語が使えるようになるとぐっと丁寧な印象になるね。ゆか先生に会って「YouTube 拝見しております」という場面は少ないと思うけど、「○○さんから、いつもお話を伺っております」と言うフレーズは日常会話でたくさん使えると思うよ！

# 5 初めて会った人と会話する

To speak with a person you meet for the first time

## △ ちょっと残念な話し方

### ［初めて会った人との会話］ ◀)) 23

パクさん

えりこさんは、今日はどこから来ましたか。①

えりこさん

今日は千葉から来ました。

そうですか。えりこさんは、何人ですか。②

何人？ …えっと、日本人です。

あぁ、えっと、日本のどこですか。

あ、出身は和歌山県です。

休みの日はいつも何をしますか。③

え？ えっと…ダンスかな。

相手にたくさん質問するのはいいんだけど、もう少し丁寧に、そして会話が楽しくなるように質問・返事をしてみよう！

## ① どこから来ましたか。

### どちらからいらっしゃったんですか。

Where did you come from today?

「どこから来ましたか」という意味なんですが、初対面の相手に質問するときはもう少し丁寧に言ってみよう。「どこから」は「どちらから」、「来ましたか」は「いらっしゃいましたか」と尊敬語を使うともっといいですね。

It means " どこから来ましたか " (Where did you come from?) but you should ask more politely. It would be preferable to use honorific forms by making a change " どこから " to " どちらから " and " 来ましたか " to " いらっしゃいましたか ".

#### 似ている言い方

- 今日はどちらから来られたんですか。
- 今日はどちらからお越しですか。

## ② 何人ですか。（出身を聞きたいとき）

### ご出身はどちらですか。

Where are you from?

相手の出身地を聞くことも、初対面の会話ではよくありますね。会話の中で「私は関西人」のように使うことはありますが、出身地を聞くときに「何人？」と聞くのは間違いです。「ご出身」と「ご」をつけると、より丁寧になりますよ。

It is common to ask where the person is from when meeting for the first time. You sometimes say " 私は関西人 " (I'm from Kansai.) in a conversation but it is not appropriate to say " 何人？ " asking where the person is from. Attaching " ご " as of " ご出身 " makes it sound more polite.

● どちらの方ですか。
　　　かた

● ご実家はどちらですか。
　　じっか

③ 休みの日はいつも何をしますか。
　　やす　ひ　　　　　なに

## お休みの日は何をされていますか。
　　やす　　ひ　なに

What do you do on your day off?

「休みの日」は「お休みの日」、「していますか」は「されていますか」と尊敬語を
　やす　ひ　　　　やす　ひ　　　　　　　　　　　　　　　　　　　　　　そんけい ご
使うともっと丁寧になります。
つか　　　　　ていねい

Using honorific speech becomes more polite such as "お休みの日" (day off) for "休みの日" and "されていますか" for "していますか".



● 休日はどのように過ごされますか。
　きゅうじつ　　　　　す

## ◎ 素敵な話し方
すてき　はな　かた

### ［初めて会った人との会話］ ◀)) 24
はじ　あ　ひと　　かい わ

［translation］P.143

えりこさんは、今日 どちらからいらっしゃったんですか。①
きょう

今日は千葉から来ました。
きょう　ちば　き

千葉ですか！ えりこさん、ご出身はどちらですか。②
ちば　　　　　　　　　　しゅっしん

和歌山県なんです。
わ か やまけん

やっぱりそうなんですね！ 話し方ですぐわかりました。
はな　かた

あはは、やっぱりそうですよね。

ところで、えりこさんは
お休みの日は何をされていますか。③
やす　ひ　なに

趣味でダンスをしています。
しゅ み

初対面の人と話をするときは、敬語を正しく使うことはもちろん大切だね。
しょたいめん　ひと　はなし　　　　　　けい ご　ただ　　つか　　　　　　　　　　　たいせつ
それから、相手が話したことにしっかり反応することも楽しい会話にするた
あい て　はな　　　　　　　　　　はんのう　　　　　　たの　かい わ
めには必要なことだよ。
ひつよう

## △ ちょっと残念な話し方
（ざんねん）（はな）（かた）

[知らない人との会話] ◀》25
（し）（ひと）（かいわ）

---

アインさん

こんにちは！①

通りすがりの人
（とお）

え！？ あ、はい、なんですか。

森カフェを知っていますか。②③ この近くにあるんです。
（もり）（し）（ちか）

森カフェですか。
（もり）
あぁ、それならあの角を曲がってすぐですよ。
（かど）（ま）

どこですか。…あぁ、あそこですね。
ありがとうございます。

いいえ。

## ① こんにちは！（話しかけるとき）

# あの、すみません。

Excuse me.

人に話しかけるときは、「あの」「ちょっと」のような呼びかける言葉を最初に言いましょう。これは知らない人だけじゃなくて、誰に話しかけるときでも必要です。知らない人に声をかけられると、ちょっとびっくりしてしまいますよね。だから、知らない人の場合は特にゆっくり丁寧に声をかけるようにしましょう。

When addressing someone, it is advisable to begin with introductory words such as" あの " or " ちょっと " and this applies not only to unfamiliar individuals but to anyone you approach. Getting approached by a stranger can be a bit surprising, so it is especially important to speak slowly and politely when addressing someone you don't know.

似ている言い方

● ちょっと、いいですか。
● 突然、すみません。
● 恐れ入ります。

## ② 森カフェを知っていますか。（質問したいとき）

# お尋ねしてもよろしいでしょうか。

Do you mind my asking?

これから相手に質問をするわけなので、突然聞くのではなく「聞いてもいいですか」と言って、相手の許可をもらいましょう。「聞く」ための言葉にはいろんな言い方があります。どれを使っても丁寧ですよ。相手も「この人は私に質問が

あるんだ」ということがわかれば、安心して話を聞くことができますよ。



### 似ている表現

● お聞きしてもよろしいでしょうか。
● お伺いしてもよろしいでしょうか。

## ③ 知っていますか。

## ご存じないでしょうか。

Do you know...?

「存じます」は「知っています」という意味の謙譲語なのですが、「ご存じですか」 と言ったら尊敬語になります。

" 存じます " is humble speech of " 知っています " (I know) and " ご存じですか " is honorific speech.

### 似ている表現

● ご存じでしょうか。
● ご存じですか。

## ［知らない人との会話］ 🔊 26 ［translation］ P.143

あのー、すみません。①
ちょっとお尋ねしてもよろしいでしょうか。②

はい、なんですか。

森カフェというカフェをご存じないでしょうか。③
多分、この近くなんですが…。

あぁ、それなら、あの角を曲がってすぐですよ。

あ、あの木がたくさん生えているところですね！
ありがとうございます。

いいえ。

知らない人に話しかけるときは、特に丁寧にゆっくり話しかけよう。
相手も、何のために話しかけようとしているのかがわかると、安心して話を聞いてくれるよ。

# アルバイトを休むことを店長に伝える

Tell the manager you want to take a day off from your part-time job

## △ ちょっと残念な話し方

### ［店長との会話］ ◀)) 27

パクさん

店長、お疲れ様です。

原口さん
はらぐち

あぁ、お疲れ様。

来週の日曜日、**休みたいんです。①** **いいですか。②**

えぇ？ 日曜日？ 何時からだっけ？

17時です。

日曜日の夕方は忙しいから困るよ。

**でも③**、大切な用事があるので…お願いします。

わかったよ。
次からはこういうことが
ないようにしてほしいな。

## ① 休みたいんです。（休みたいと伝えるとき）

# お休みさせていただきたいです。

I would like to request a day off.

「〜したいです」という言い方は、目上の人にはあまり使わない方がいいですね。自分がすることを丁寧に言う場合は「お／ご〜させていただく」という言い方を使います。ここでは許可を求めているので「させていただきたい」という表現を使うともっと丁寧になります。仕事を休むということは他の人に迷惑がかかることなので「申し訳ないのですが…」と、先に謝ってお願いすることができればもっといいですね。

It is advisable to refrain from using expressions like " 〜したいです " (I want to do 〜 ) to a person of higher status. When politely stating your intentions, it is more appropriate to use " お／ご〜させていただく " to convey what you intend to do. Since you are asking permission in this situation, using " させていただきたい " can make it sound more polite. It will also be better to apologize first-hand by saying " 申し訳ないのですが… " (I'm sorry that….) because your co-worker will be covering the responsibilities during your absence from work.

似ている言い方

● お休みをいただきたいです。

## ② いいですか。（許可をもらいたいとき）

# よろしいでしょうか。

If you don't mind…

「いいですか」も許可を求めるときに使う表現ですが、もう少し丁寧に聞く場合は「よろしいでしょうか」と言いましょう。仕事を休む許可をもらうので「迷惑をかけて

申し訳ない」という気持ちを表すためにも、より丁寧な表現を使った方がいいで
すよ。



### 似ている表現

● 〜ても構いませんか。
● 〜することは可能でしょうか。
● 〜ても問題ないでしょうか。

## ③ でも（怒られたとき）

# 本当に申し訳ありません。

I am truly sorry.

謝るときに「でも」「だけど」のような言葉を使うのはあまりよくありません。言い訳をしているように聞こえるので、相手をイライラさせてしまうことがあります。謝らなければいけない場面では、徹底的に謝りましょう！

When apologizing, it is not advisable to use words such as " でも " (but) or " だけど " as they can make you sounds like you are making excuses which can irritate the other party. In situations where you need to apologize, it is important to apologize thoroughly.

## ◎ 素敵な話し方
すてき　はなし　かた

[店長との会話] 🔊 28　　　　　　　　　　　　[translation] P.143
てんちょう　かいわ

店長、お疲れ様です。ちょっとよろしいですか。
てんちょう　つか　さま

あぁ、お疲れ様。どうしたの？
つか　さま

来週の日曜日、17時からシフトが入っているんですが、
らいしゅう　にちようび　じ　はい
ちょっと用事があって…申し訳ないのですが
ようじ　もう　わけ
お休みさせていただいても**よろしいでしょうか。**②
やす

えぇ？日曜日は忙しいのに…困るなぁ。
にちようび　いそが　こま

**本当に申し訳ありません。**③ 実は友達の結婚式があるん
ほんとう　もう　わけ　じつ　ともだち　けっこんしき
ですが…間違ってシフトを入れてしまったんです。
まちが　い
ご迷惑だとはわかっているのですが…
めいわく
**お休みさせていただきたいです。**①
やす

それはおめでたいね！
仕方ない…代わりの人を探しておくよ。
しかた　か　ひと　さが

仕事を休むときは、とにかく「申し訳ない」という気持ちを持って話すと
しごと　やす　もう　わけ　きも　も　はな
スムーズに許可をもらえる可能性が高くなるよ！
きょか　かのうせい　たか

# 8

# 目上の人の家族について話す
## To talk about the family of a person of higher status



［店長との会話］ ◀)) 29

パクさん

もうすぐ夏休みですね。何か予定がありますか。①

原口さん

家族と旅行に行こうかなって思ってるんだ。

わぁ！ いいですね。どこに行きますか。②

京都かな。妻が行きたいって言ってるから。

店長の妻③ は、京都が好きなんですね。④

あ、うん…。

子ども⑤ はどうですか。
遊園地の方が行きたいんじゃ
ないですか。

まぁ、そうかもしれないね…。

> ①〜⑤のポイントを直すとよくなるよ。1つ1つ見てみよう!

## ① 何か予定がありますか。

### ご予定はございますか。

Do you have any plan?

「予定」は「ご」をつけて「ご予定」と言えば、もっと丁寧になるよ。「あります
か」の丁寧語は「ございますか」だよね。目上の人に言うなら「ご予定はございま
すか」の方が丁寧だよ。

Adding " ご " to " 予定 " (a plan), makes it even more polite " ご予定 ". As you know, formal speech
for " ありますか " is " ございますか ". When you speak to a person of higher status, " ご予定はござい
ますか " (Do you have a plan?) is more polite.

## ② どこに行きますか。(行き先を聞くとき)

### どちらに行かれますか。

Where will you be going to?

「どこ」は「どちら」、「行く」は相手の動作だから、「行かれます」と敬語を使った
方がいいよ。

Using " どちら " instead of " どこ " is the respectful form for " 行く " (to go) refer to the other per-
son's action would be more appropriate, as " 行かれます ".

**似ている表現**

● どちらに行かれるご予定ですか。

## ③ 妻(相手の結婚相手を呼ぶとき)

### 奥様

One's wife

「妻」というのは、自分の結婚相手を呼ぶ言い方だよ。結婚相手が男性なら「夫」と言うんだ。だから、他の人の結婚相手を「部長の妻」「店長の夫」というふうに呼ぶのは間違い。こういう場合は「奥様」「旦那様」と呼ぶといいよ。

Term " 妻 " (a wife) refers to one's own spouse. If the spouse is male, you would use " 夫 " (a husband) instead. Therefore, it would be incorrect to refer to someone else's spouse as " 部長の妻 " (boss's wife) or " 店長 の 夫 " (the store manager's husband). It is  more appropriate to address someone else's spouse as " 奥様 " or " 旦那様 ".

## ④ 好きなんですね。（相づちをうつとき）

### お好きなんですね。

He / She seems to like it.

敬語を話す相手の家族の話をするときにも、同じように敬語を使った方がいいよ。「京都が好き」なのは「奥様」なので、「奥様は、京都がお好きなんですね」と丁寧に言おう。

When discussing the family members of someone you are addressing with honorific language, it is also advisable to use respectful language. Since it is "his wife" who "loves Kyoto", in a polite manner you should say " 奥様は、京都がお好きなんですね " (Your wife really loves Kyoto.).

## ⑤ 子ども（相手の子どもを呼ぶとき）

### お子様

Your child / son / daughter

敬語を使う相手の子どものことを話すときは「お子様」と呼ぶといいよ。性別がわかっていれば「息子さん」や「娘さん」と呼ぶこともあるね。「お子様」が一番丁寧で正しい言い方だよ。

When discussing the children of someone addressed with honorific language, it is respectful to use the term " お子様 " (your child). If you know their gender, you can also use " 息子さん " (your son) or " 娘さん " (your daughter). However, " お子様 " is the most polite and correct way to address them.

# 素敵な話し方

## ［店長との会話］ 🔊 30

パクさん

もうすぐ夏休みですね。何かご予定はございますか。①

原口さん

家族と旅行に行こうかなって思ってるんだ。

わぁ！ いいですね。どちらに行かれますか。②

京都かな。妻が行きたいって言ってるから。

店長の奥様③は、京都がお好きなんですね。④

うん。去年行ってすごく楽しかったみたいでさ。

去年もご家族みなさんで行かれたんですか。
お子様⑤もご一緒に？

そうそう！ でも子どもたちは京都より
遊園地に行きたいって言ってるよ。

やっぱり、そうですよね。うーん、難しいですね。

# 9

# 先輩の相談を受ける
せんぱい そうだん う
Giving advice to the senior co-worker

## ⚠ ちょっと残念な話し方
さんねん はな かた

**［先輩との会話］** 🔊 31
せんぱい かいわ

ゆうきさん

今度、彼女とデートするんだけど、
こんど かのじょ
新宿でおいしいお店とか知ってる？
しんじゅく みせ し

パクさん

うーん、そうですね…。何が食べたいですか。①
なに た

中華料理がいいかな。彼女、辛いものが好きだから。
ちゅうかりょうり かのじょ から す

えぇ？ 辛いものだったら絶対韓国料理がいいですよ。②
から ぜったいかんこくりょうり

そうかなぁ…。

はい！ 私がおいしい韓国料理の
わたし かんこくりょうり
レストランを教えてあげますね。③
おし

う、うん…。

## ① 何が食べたいですか。（食べたいものを聞くとき）

# どんな料理がお好きですか。

**What kind of cuisine do you like?**

目上の人に「〜したいですか」とは聞きません。同じような意味になるように他の質問の仕方を考えて聞いてみましょう。

We don't typically ask " 〜したいですか " (Do you want to 〜 ?) when speaking to someone in a higher position. Let's try asking in a different way that conveys a similar meaning.

### 似ている言い方

● 何がお好きですか。

## ② 絶対韓国料理がいいですよ。（料理をすすめるとき）

# 韓国料理はいかがですか。

**How about Korean cuisine?**

自分から提案するときは「〜はいかがですか」と言いましょう。「絶対〜がいいです！」や「〜を食べるべきです」と言うと、強い言い方になってしまいます。心の中で「絶対韓国料理がいい！」と思っていても、「いかがですか」と、あくまで相手に聞く表現を使いましょう。

When you are making a suggestion, its polite to say " 〜はいかがですか " (How about 〜 ?). Using phrases like " 絶対〜がいいです！" ( 〜 is definitely recommended) or " 〜を食べた方がいいです " (You should eat 〜 .) can come across as too assertive. Even if you strongly prefer something in your mind, its best to use an expression such as " いかがですか " to ask an opinion of the other party.

**似ている表現**

- ○○料理はどうですか。
- ○○料理はお好きですか。

### ③ 教えてあげますね。

# お教えします。

I will show you.

目上の人に「〜してあげる」という表現は使いません。「〜してあげる」という表現は、それを言っている人が上の立場になってしまいます。「あげる」の代わりに、自分の動作をもっと丁寧に言いましょう。

You can't use the expression " 〜してあげる " (I will do 〜 for you.) to a person in a higher position. Using " 〜してあげる " means the speaker is superior to the other person. Instead of using " あげる ", its more polite to describe your action in a respectful manner.

**似ている表現**

- お伝えします。
- お送りします。

## ◎ 素敵な話し方
すてき　はな　かた

### ［先輩との会話］🔊32　　　　　　　　　　［translation］P.144
せん ぱい　　かい わ

2 先輩の相談を受ける

ゆうきさん

今度、彼女とデートするんだけど、
こん ど　かのじょ
新宿でおいしいお店とか知ってる？
しんじゅく　　　　　　みせ　　し

パクさん

うーん、そうですね…。**どんな料理がお好きですか。**①
りょう り　　す

中華料理がいいかな。彼女、辛いものが好きだから。
ちゅう か りょう り　　　　　かのじょ　から　　　　　す

中華料理いいですね！　あと、辛いものがお好きでしたら、
ちゅう か りょう り　　　　　　　　から　　　　　　す
**韓国料理はいかがですか。**②
かん こくりょう り

あぁ、韓国料理もいいなあ！
かん こくりょう り

韓国料理でしたら、
かん こくりょう り
おすすめのお店があります。
みせ
あとでお店のリンクを**お送りします。**③
みせ　　　　　　おく

ありがとう！　助かるよ！
たす

先輩の役に立ちたいという気持ちがあっても、言葉の使い方がよくないと
せんぱい　やく　た　　　　　　　　きも　　　　　　　　ことば　つか　かた
気持ちが伝わりにくいよね。相談に乗るときは自分の意見を言うだけじゃ
きも　　つた　　　　　　　　　そうだん　の　　　　　じぶん　い けん　い
なくて、相手の気持ちに寄り添って話を聞くことも大切だよ。
あいて　きも　　よ　そ　　はなし　き　　　　　たいせつ

# 10 先生を手伝う
せんせい　　　てつだ

To help your teacher

## △ ちょっと残念な話し方
ざんねん　はな　かた

ゆか先生
せんせい

あ、ちょっとパクさん！

パクさん

あ、ゆか先生。どうしたんですか。①
せんせい

ちょっと手伝ってほしいことがあるんだけど…今、時間あるかな。
てつだ　　　　　　　　　　　　　　　　　　　　いま　じかん

はい、いいです。②

この教科書、A教室に運んでくれる？
きょうかしょ　　きょうしつ　はこ
急いで帰らなきゃいけないから困ってて…。
いそ　　かえ　　　　　　　　　　　こま

はい。先生、他にも何かあったら
せんせい　ほか　　なに
言ってください。③
い

大丈夫。本だけ、お願いね。
だいじょうぶ　ほん　　　　ねが
ありがとう。

## ① どうしたんですか。

# どうされましたか。

Is there anything wrong?

「どうしたんですか」は「何かありましたか」という意味ですよね。「先生」に何かがあったかどうか聞いているので「する」は「される」と丁寧に言った方が印象がよくなります。

As you know, "どうしたんですか" (What's wrong?)」 means "何かありましたか" (What happened?)」. To ask your teacher whether something has happened, you should ask by using "される", the polite form of "する", to give a better impression.

### 似ている言い方

● どうされたんですか。

● どうなさいましたか。

## ② いいです。（相手のお願いを聞くとき）

# 大丈夫です。

That's fine.

時間があるかどうか聞かれているので「いいです」と答えても問題はないのですが、「いいです」と言うと相手に許可を与えているような印象になってしまいます。先生に対して許可を出すというのは少し失礼になるので、問題がないという意味で「大丈夫です」と伝えると、より丁寧な印象になりますよ。

When being asked if there is time available, responding with "いいです" (That's fine.) is acceptable. But using "いいです" may convey the impression of granting permission to the other person. It would be a little impolite for you to give permission to your teacher, so use "大丈夫です"

**似ている表現**

● もちろんです。


## ③ 言ってください。

# おっしゃってください。

Please let me know.

「何かあったら言ってください」ということは、言うのは「先生」ですよね。「言う」
の尊敬語は「おっしゃる」なので、こういう場合は「おっしゃってください」と言う
のが一番ぴったりです。



**似ている表現**

● お申し付けください。

## ◎ 素敵な話し方
すてき　はな　かた

### ［先生との会話］ 🔊 34　　　　　　　　　［translation] P.144

ゆか先生
せんせい

あ、ちょっとパクさん！

パクさん

あ、ゆか先生。**どうされましたか。①**
　　　せんせい

ちょっと手伝ってほしいことがあるんだけど…今、時間あるかな。
　　　てつだ　　　　　　　　　　　　　　　　いま　じかん

はい！ **大丈夫です。②**
　　　だいじょうぶ

この教科書、A教室に運んでくれる？
　　きょうかしょ　　きょうしつ　はこ
急いで帰らなきゃいけないから困ってて…。
いそ　かえ　　　　　　　　　　　こま

わかりました。他にも何かあれば**おっしゃってください。③**
　　　　　　　ほか　　なに

ありがとう。
それだけやってくれたら助かるよ。よろしくね。
　　　　　　　　　　　たす

「どうされましたか」や「おっしゃってください」は、生活の中で本当によく
　　　　　　　　　　　　　　　　　　　　　　せいかつ　なか　ほんとう
使うよ。この動作を誰がするのか…を考えることができれば、どこで敬語
つか　　　どうさ　だれ　　　　　　かんが　　　　　　　　　　　　けいご
を使うべきなのかがわかってくるね。
　つか

# 11

# 先輩にお土産をもらう
Receiving a souvenir from your senior co-worker

## ⚠ ちょっと残念な話し方

［先輩との会話］ 🔊 35

ゆうきさん

このチョコレート、旅行のお土産なんだけど、
よかったら食べる？

パクさん

チョコレートですか…甘いものは嫌いなんです。①

あ…そうなんだ。ごめん。

でも、ルームメイトがチョコレート好きなので、ください。②

あ…いいよ。

ありがとうございます。
私もこの間旅行に行ってお土産買ってきたので、
今度あげます③ ね。

正直なのはいいんだけど、もう少し
やわらかい言い方ができるといいよね。

①〜③のポイントを直すとよくなるよ。1つ1つ見てみよう！

## ① 嫌いなんです。（嫌なものを伝えるとき）

# 実は、苦手なんです。

I actually don't like it very much.

「嫌い」という言葉は、少し強い言葉です。本当に嫌いなものは仕方がないんだけど、人に言うときは「嫌い」とはっきり言うよりも「苦手です」や「あまり好きじゃなくて」のように、あいまいに言った方がいいですね。特に、自分がお土産で選んだものを「嫌い」と言われたら傷つくよね。嘘をつく必要はありませんが、はっきり言いすぎて相手を悲しませないようにしましょう。また、言いにくいことを言い始めるときは「実は…」という言葉もとても便利です。これから、少し言いにくいこと、隠していたことを言いますよ、という気持ちを伝えることができるので、相手も話を聞く準備ができます。

The word " 嫌い " (to dislike) is quite a strong word. While it is natural to have things you genuinely dislike, when expressing it to someone, it is often better to use more ambiguous phrases like " 苦手です " or " あまり好きじゃなくて " instead of just saying " 嫌い ". Especially when it comes to something you have chosen as a souvenir, it would be disappointing if someone said " 嫌い ". Of course, you don't need to lie but try not to be too blunt to avoid causing sadness to others. In addition, starting a difficult conversation with the phrase " 実は …"(as a matter of fact…"can be quite handy. It signals that you are about to talk about something a bit uncomfortable or something you have been keeping to yourself, allowing the other person to prepare themselves for the conversation.

### 似ている言い方

● 実は、あまり好きじゃなくて…。

● 実は、あまり食べられなくて…。

● 実は、得意じゃなくて…。

## ② ください。（もらってもいいか聞くとき）

# いただいてもいいですか。

*Could I have it?*

目上の人に、直接「ください」と言うのは少し失礼ですね。「もらってもいいですか」という聞き方でもいいですが、もっと丁寧に言うなら「いただいてもいいですか」になります。

It can be considered a bit impolite to directly say " ください " (Can I have it?) to someone in a higher status. While asking " もらってもいいですか " (Could I have it?) is acceptable, for an even more polite expression, you would say " いただいてもいいですか ".

## ③ あげます。（ものをあげたいとき）

# お渡しします。

*I will bring it to you.*

「あげる」という言葉を目上の人に使うと少し失礼です。仲のいい先輩なら「持ってきますね」と言ってもいいと思います。もう少し目上の人なら、しっかりと敬語を使った方がいいですね。

Using the word " あげる " (to give) when addressing someone in a higher position can be considered somewhat impolite. If it is a senior colleague with whom you have a good relationship, it is acceptable to say something like " 持ってきますね " (I will bring it to you.). However, when dealing with someone in a more senior position, it is better to use polite speech.

### 似ている表現

- お持ちします。
- 差し上げます。

## ◎ 素敵な話し方
すてき　はな　かた

### ［先輩との会話］ 🔊 36　　　　　　　　　　［translation] P.144
せんぱい　かいわ

このチョコレート、旅行のお土産なんだけど、
りょこう　みやげ
よかったら食べる？
た

ありがとうございます！ でも、すみません、
実はチョコレートがちょっと苦手で…。①
じつ　　　　　　　　　　にがて

あー、そうだったんだ！ ごめんね。

せっかくなのにすみません。
でも、あの…ルームメイトがチョコレート大好きなので
だいす
1ついただいてもいいですか。②

もちろん！ はい！

ありがとうございます！ すごく喜ぶと思います。
よろこ　おも
私もこの間旅行に行ってお土産買ってきたので、
わたし　あいだりょこう　い　　みやげか
今度お渡しします③ ね。
こんど　わた

ありがとう。楽しみだなぁ。
たの

# 12

# 上司に確認する
じょう　し　　かく　にん

## To confirm with your boss

**△ ちょっと残念な話し方**
　　　　ざん ねん　　はな　　かた

[上司との会話] ◀))37
じょう し　　かい わ

アインさん、新商品の企画書を作っておいてくれる？
　　　　　　しんしょうひん　き かくしょ　つく

藤原さん
ふじわら

はい、**わかりました。**①

アインさん

すみません、企画書を作ったんですけど…
　　　　　　き かくしょ　つく
**誰に渡したらいいんですか。**②
だれ　わた

あぁ、それは部長に見せるんだけど、
　　　　　　ぶ ちょう　み
その前に私に一度見せてください。確認します。
　　まえ　わたし　いち ど み　　　　　　　　　かく にん

はい。すぐ**持っていきます。**③
　　　　　　も

よろしくね。

すごく失礼！というわけではないんだけど、
　　　しつれい
会社だったらもう少ししっかり敬語を使った方
かいしゃ　　　　　すこ　　　　　けい ご　つか　　ほう
がいいね。

## ① わかりました。

# 承知しました。
しょう ち

Certainly.

上司に「わかりました」と言いたいときは、「承知しました」という言葉を使いましょう。これは仕事をしていれば毎日たくさん使う言葉になります。「わかりました」が失礼なわけではありません。会話の中で上司に対して使うこともできます。ただ、指示を受けたときは「承知しました」と言うのが部下としては自然ですね。お客さんに対してなら「かしこまりました」を使うことが多いです。

To respond to a superior with " わかりました " (I got it/OK.), it is more appropriate to use " 承知しました " (Certainly.) in professional settings. It is not that " わかりました " is considered impolite. You can use it in a conversation with your boss. However, it would be more natural to respond " 承知しました " when you were given a direction from your boss. It is common to use " かしこまりました " when speaking with customers.

似ている言い方
に　　　いかた

● 承知いたしました。
しょう ち

● かしこまりました。

## ② 誰に渡したらいいんですか。（仕事の確認をするとき）
だれ わた しごと かくにん

# どなたにお渡しすればよろしいでしょうか。
わた

Who should I hand it over to?

「だれ」は「どなた」、「渡す」は「お渡しする」、「いいですか」は「よろしいでしょうか」に言い換えましょう。資料を渡す相手は必ず上司の中の誰かになるので、「どなた」と言った方がより丁寧です。「渡す」という動作は自分がすることですが、

丁寧に言うために「お」をつけるといいですね。許可を求めるときは「よろしいでしょうか」と言います。本当によく使うので覚えておきましょう。



## ③ 持っていきます。

# お持ちします。

I will carry it for you.

「持っていきます」は「お持ちします」という言い方になります。目上の人の持ち物を持つときも「かばんをお持ちします」のように使いますが、「持っていきます」と言いたい場合も「お持ちします」を使います。

In order to speak politely, " 持っていきます " (I will carry it.) can be changed into " お持ちします ". When carrying the luggage of a person of higher status, you can say " かばんをお持ちします " (I will carry your luggage.). It is appropriate to use " お持ちします " to politely address " 持っていきます ".

### 似ている表現

● 持って参ります。

## ◎ 素敵な話し方
すてき　はな　かた

［上司との会話］じょうし　かいわ 🔊 38　　　　　　　［translation］P.145

藤原さん
ふじわら

アインさん、新商品の企画書を作っておいてくれる？
しんしょうひん　きかくしょ　つく

アインさん

はい、承知しました。①
しょうち

すみません、企画書が完成したのですが…
きかくしょ　かんせい
どなたにお渡しすればよろしいでしょうか。②
わた

お、早いね。　それは部長に見せるんだけど、
はや　　　ぶちょう　み
その前に私に一度見せてください。
まえ　わたし　いちど み
確認します。
かくにん

はい。　すぐお持ちします。③
も

ありがとう。　よろしくね。

「です」「ます」をつけて話をすればすごく失礼になることはないんだけど、
はなし　　　　　　　　しつれい
しっかり敬語を使えると、社会人として信頼できる人だと思われやすいと
けいご　つか　　　しゃかいじん　しんらい　ひと　おも
思うよ。
おも

# 電話をとる
（でん　わ）



## ⚠ ちょっと残念な話し方
（ざん　ねん）（はな）（かた）

### ［電話での会話］ 🔊 39
（でん　わ）（かい　わ）

---

パクさん

もしもし。①

中本さん
（なかもと）

あ、森ステーキ新宿店のお電話番号でお間違いないでしょうか…？
（もり）（しんじゅくてん）（でん わ ばんごう）（ま ちが）

はい、そうです。

いつもお世話になっております。
（せ わ）
渋谷店の中本です。店長さんいらっしゃいますか。
（しぶ や てん）（なか もと）（てんちょう）

いえ、いません。②

そうですか。もしお戻りになったら、
（もど）
折り返しお電話いただけるようお伝え願えますか。
（お　かえ）（でん わ）（つた）（ねが）

はい、わかりました。
あの、もう一回名前を言ってください。③
（いっ かい な まえ　い）

あ、中本と申します。よろしくお願いします。
（なか もと　もう）（ねが）

## ① もしもし（電話にでるとき）

# はい、新宿店のパクです。

"Hello, Park from Shinjuku branch speaking."

**2**<br>電話をとる

電話がかかってきたら、まず自分の名前を言いましょう。「新宿店の村上です」や「○○株式会社の村上です」のように、自分が所属しているところも一緒に言うともっといいですね。「もしもし」は、ビジネスの場ではあまり使いません。

When you receive a phone call, it is good to start by stating your name and inform where you belong to such as " 新宿店の村上です " (Murakami from Shinjuku branch.) or " ○○株式会社の村上です " (Murakami of ○○ company speaking). " もしもし " is not commonly used in a business context.

### 似ている言い方

- お世話になっております。○○の〜です。（会社でよく使う言い方）
- お電話ありがとうございます。○○の〜です。（お店でよく使う言い方）

## ② いえ、いません。（いないことを伝えるとき）

# 申し訳ありません。店長は今不在です。

I apologize but the store manager is currently unavailable.

このような場面では、店長の代わりにまず謝りましょう。「いません」は「不在です」や「おりません」という言葉を使うともっといいですね。こういった場合、相手からは「帰ってきたら電話ください」と頼まれるか、伝言を頼まれるかのどちらかです。「何かお伝えしておきましょうか」と一言言えば丁寧な印象になりますね。

※中本さんは「店長さんいらっしゃいますか」と「店長」に「さん」をつけていましたね。このように、役職に「さん」をつける言い方はビジネスの場でよく使われていますよ。

※Nakamoto-san asked " 店長さんいらっしゃいますか " (Is the store manager there?) by attaching" さん " to " 店長 ". Attaching " さん " to a job title in business settings is very common.

［例］ 店長さん、店員さん、社長さん、部長さん、課長さん

**似ている表現**

- 店長は今出ておりまして…。
- 店長は今店におりません。

## ③ もう一回名前を言ってください。

# もう一度お名前をお伺いしてもよろしいでしょうか。

May I kindly ask your name once again?

電話で名前をもう一度聞くことはよくあるので、失礼ではありません。それよりも、名前がわからなかった！ どこの人かわからなかった！ ということがないようにしましょう。

It is not impolite to ask for a name again over the phone, as it helps avoid situations where we don't know who we are speaking with. Especially when dealing with someone we frequently communicate with,

**似ている表現**

- お名前をもう一度教えていただきたいのですが。

## ◎ 素敵な話し方
すてき　はな　かた

### ［電話での会話］🔊 40　　　　　　　　　　［translation］P.145
でん わ　かい わ

パクさん

お電話ありがとうございます。**森ステーキ新宿店のパクです。①**
でん わ　　　　　　　　　　　　　　もり　　　　しんじゅくてん

中本さん
なかもと

お疲れ様です。渋谷店の中本です。
つか　さま　　しぶ や てん　なかもと
店長さんいらっしゃいますか。
てんちょう

**申し訳ありません。店長は今不在でして…。②**
もう　わけ　　　　　　てんちょう　いま ふ ざい
何かお伝えしておきましょうか。
なに　つた

ありがとうございます。じゃあ、お戻りになりましたら
もど
折り返しお電話いただけるようお伝え願えますか。
お かえ　でん わ　　　　　　　つた　ねが

かしこまりました。すみません、失礼ですが
しつれい
**もう一度お名前をお伺いしてもよろしいでしょうか。③**
いち ど　な まえ　うかが

渋谷店の中本です。
しぶ や てん　なか もと

中本さま、ですね。かしこまりました。
なか もと

# 先輩を食事に誘う
せんぱい　しょくじ　さそ

## To invite a senior co-worker for a meal

## △ ちょっと残念な話し方
ざんねん　はな　かた

### ［先輩との会話］🔊 41
せんぱい　かいわ

パクさん

先輩、今日の夜は**ひまですか**。①
せんぱい　きょう　よる

ゆうきさん

ひまってこともないけど…どうしたの？

みんなで飲みに行くんですけど、**先輩も来ますか**。②
の　い　せんぱい　き

うーん…。

**来たかったら**③、連絡してくださいね！
き　れんらく

…わかったよ。

せっかく食事に誘うんだから、相手が
しょくじ　さそ　あいて
うれしくなるような言い方ができると
い　かた
いいね。

## ① ひまですか。（相手の都合を聞くとき）

# お忙しいですか。

Are you busy now?

「ひまですか」というのは「時間がありますか」という意味なんだけど、目上の人に使うと失礼な言葉になるんだ。仕事ができる人って、いつもやることがたくさんあったり、たくさん勉強したりして、忙しいことが多いよね。「ひま」っていうのは「やることがない」という意味だから、「ひまですか」って聞かれると、言われた方は「そんなことない！ やることはいっぱいあるよ！」と少し嫌な気持ちになることがあるよ。

"ひまですか" (Are you free now?) means "時間がありますか" (Do you have time to spare?), but when used with someone of higher status, it can be considered impolite. People who are capable at their jobs often have many tasks or engage in extensive study, so they tend to be busy most of the time. "ひま" (free time) equals "having nothing to do" which means asking "ひまですか" could make people feel unpleasant "No, I am not! I do have a lot of things to do!".

似ている言い方

● 何かご予定がございますか。
● お時間ございますか。

## ② 先輩も来ますか。（誘うとき）

# ご一緒にいかがですか。

Would you like to join us?

「来ますか」という聞き方だと、少し上の立場から誘っているような印象を与えてしまうよ。だから「一緒に行きませんか」と言えば、丁寧な誘い方になるんだ。

もっと丁寧に言いたいときは「ご一緒にいかがですか」と言えばいいよ。それから、誘うときは「私はあなたに来てほしいと思っています」という気持ちが相手に伝わることもすごく大切だよ。

When you say " 来ますか " (Are you coming?), it can give the impression that you are inviting someone from a slightly higher position. Therefore, saying " 一緒に行きませんか " (Would you like to come with us?) would be a more polite way to extend an invitation. When you want to be even more polite, you can say " ご一緒にいかがですか " (Would you like to join us?). Additionally, it is essential for your invitation to convey the sentiment of "I would like you to come," as this helps communicate your intentions effectively.

### 似ている表現

● 一緒に行きませんか。
● ぜひ、いらしてください。


## ③ 来たかったら（誘うとき）

# もし、ご都合がよろしければ

If it is convenient for you

「〜したいですか」という表現は、目上の人に使うと失礼になるんだ。「来たかったら連絡してください」という内容を言いたいときは、「ご都合がよければ連絡してください」「お時間があれば連絡してください」のように、「〜したい」を使わない言い方を探すといいよ。

The expression " 〜したいですか " (Would you like to 〜 ?) can be considered impolite when used with someone of higher status. When you want to convey the message "If you wanted to come, please get in touch," it is better to use alternative phrasing that avoids the use of " したい ". For instance, you can say, " ご都合がよければ連絡してください " (Please contact me if it's convenient for you.) or " お時間があれば連絡してください " (Please contact me if you have the time.).

### 似ている表現

● お時間があればご連絡ください。
● もし、来られるようでしたらご連絡ください。

## ◎ 素敵な話し方
すてき　はな　かた

### ［先輩との会話］ 🔊 42　　　　　［translation］ P.145
せんぱい　かいわ

先輩、今日の夜はお忙しいですか。①
せんぱい　きょう　よる　いそが

特に予定はないよ。何かあるの？
とく　よてい　なに

みんなで飲みに行こうと思っているんですが…
の　い　おも
先輩もご一緒にいかがですか。②
せんぱい　いっしょ

楽しそうだね！
たの
でも、今日はバイトで遅くなるかも…。
きょう　おそ

そうですか。
もしご都合がよろしければ③、
つ　ごう
ご連絡ください。
れんらく

うん！ またあとで連絡するね。
れんらく

先輩を嫌な気持ちにさせないで、うまく誘うことができたね！
せんぱい　いや　きも　さそ

# 関西には特別な敬語がある!?

　私は関西出身なのですが、「関西弁には敬語がないんですよね?」と聞かれることがよくあります。(外国人からではなく、日本人からも…!)関西に住んでいる人や関西弁を話す人たちも、他の地域の人々と同じように、もちろん敬語を使います。しかし、関東の方に比べると、敬語を使う場面や頻度が少ないのかもしれません。

　しかし、関西弁にはちょっと特別な表現があります。「〜してはります」という言い方を聞いたことがありますか。「〜してはる」は「〜されている」「〜していらっしゃる」のように、相手の動作を敬うときに使います。


　例えば、下記のような感じですね。

- ご飯を召し上がっています⇒ご飯を食べてはる
- ご覧になっている⇒見てはる
- いらっしゃる⇒いてはる


　ただ「〜してはる」は、Level2(丁寧だけど、そんなに硬い表現ではない)くらいの敬語になると思います。だから、社長のようにかなり目上の人に対して使うと少し馴れ馴れしい印象になるかもしれません。ただ、関西の人は基本的にフレンドリーな人が多いです。会社の中でも「〜はる」という表現を使うことは多いですよ。関西に住めばいろんな場面でこの表現を聞くかもしれませんね。私は今、東京に住んでいます。だから、仕事をするときはできるだけ関西弁で話さないように気をつけています。関西弁で話してしまうと、うっかり敬語を使うのを忘れてしまったり、態度やコミュニケーションの取り方も少し馴れ馴れしくなってしまうような気がしています。それが、関西弁の良さでもあるのですが、ビジネスの場ではできるだけ失礼にならないように気をつけて話しています。でも、少し仲良くなれば、関西弁がどんどんでてきますよ！笑

## Do they have special polite speech in the Kansai area!?

I'm actually from Kansai, and I often get asked, "There aren't polite speech in Kansai dialect, right?" (Not only by foreigners but also by Japanese people!) People living in Kansai and those who speak the Kansai dialect, like everyone else, certainly use polite speech. However, compared to those in the Kanto region, we might use polite speech less frequently or in different situations.

However, there are some unique expressions in the Kansai dialect. Have you heard of the phrase "してはります"? "してはる" is used to show respect, similar to "されている" or "していらっしゃる".

They are used as following examples:

- ご飯を召し上がっています⇒ご飯を食べてはる
- ご覧になっている⇒見てはる
- いらっしゃる⇒いてはる

However, I believe "してはる" falls into Level 2 (polite, but not overly formal) in terms of polite speech. Therefore, if you use it for someone significantly senior, like a company president, it might come across as a bit too familiar. Yet, people in Kansai tend to have close interpersonal relationships. Even in the workplace, it's quite common to hear expressions like "はる". If you live in Kansai, you might encounter this expression in various situations. Since I'm in Tokyo now, I refrain from using the dialect at work. I tend to forget to speak polite speech or become too casual in my way of communication when I speak the Kansai dialect. That is actually a good characteristic of the Kansai dialect, but I put extra effort not to speak impolitely on business. However, once we became acquainted, I spoke a lot in the Kansai dialect!

# ミニクイズの答え（こた）

| 1 | P.27 ▶ | ② と申します（もう） |
| 2 | P.31 ▶ | ② ありがとうございます |
| 3 | P.35 ▶ | ② すみません |
| 4 | P.39 ▶ | では |
| 5 | P.43 ▶ | ② 手伝ってもらえませんか（てつだ） |
| 6 | P.47 ▶ | ◎ ②恐れ入りますが（おそ い） / △ ①申し訳ありませんが（もう わけ） |

どちらも使う（つか）ことができます！
でも、「名前を書いてください」（なまえ か）というお願い（ねが）はそこまで謝る（あやま）必要（ひつよう）はないよね。
こういうときは「恐れ入りますが」（おそ い）をよく使う（つか）よ！

| 7 | P.51 ▶ | ② OK |
| 8 | P.55 ▶ | ① よろしいでしょうか |
| 9 | P.59 ▶ | ② させていただいても |
| 10 | P.63 ▶ | ② できれば |
| 11 | P.67 ▶ | どうかと思うのですが（おも） |
| 12 | P.71 ▶ | ② 厳しいです（きび） |
| 13 | P.75 ▶ | おそらく |
| 14 | P.79 ▶ | ③ できること |

# 第 2 章
## 「素敵な話し方」英語訳



### 1 学校の先生と話をする① (P.85)

Park-san : Yuka-sensei! Good morning.

Yuka-sensei : Good morning.

Park-san : I received some incredibly delicious sweets from my friend as a souvenir. Yuka-sensei, Would you like to try some?

Yuka-sensei : Oh, really? It looks good! Thanks!

Park-san : Yuka-sensei, can we talk now? I'd like to talk about something….

Yuka-sensei : Actually, I have to go to my next class.

Park-san : Could you spare a few minutes?

Yuka-sensei : OK, we can talk for about ten minutes!

### 2 学校の先生と話をする② (P.89)

Park-san : Oh, Sensei! I have a question I don't understand and would like to ask you. Do you have a moment now?

Yuka-sensei : I'm sorry, I have some other work to do now. Would it be possible to discuss this at another time?

Park-san : I apologize for bringing this up unexpectedly. When would it be convenient for you to discuss it?

Yuka-sensei : How about at 1 p.m. tomorrow?

Park-san : Sure, that would be great. Thank you so much!

### 3 学校の先生と話をする③ (P.93)

Park-san : Sensei! So far, there are some parts that are a little unclear in today's lesson.

Yuka-sensei : Sure. Which part you don't understand?

Park-san : It's the usage of that grammar. Could you please explain it once again?

Yuka-sensei : Okay, you want to know the usage of this grammar?

Park-san : Um, actually it's the other grammar…the previous one….

Yuka-sensei : You mean this grammar? Okay. Let me explain it again.

Park-san : Thank you very much.

## ④ 初めて会う人に挨拶をする （P.97）

Anh-san : Excuse me. Are you Yuka-sensei?

Yuka-sensei : Yes, I am!

Anh-san : Wow, nice to meet you. I'm Anh. I always watch your videos on YouTube.

Yuka-sensei : Really? I'm so happy to hear that. Thank you.

Anh-san : if you don't mind, would it be possible to take a picture together?

Yuka-sensei : Of course! Let's take a picture.

## ⑤ 初めて会った人と会話する （P.101）

Park-san : Eriko-san, where did you come from?

Eriko-san : I came from Chiba today.

Park-san : Chiba! Eriko-san, where are you from?

Eriko-san : I'm from Wakayama.

Park-san : I thought so. I could tell by your way of speaking.

Eriko-san : Haha, that's right.

Park-san : By the way, Eriko-san, what do you do on your day off?

Eriko-san : I like to dance as a hobby.

## ⑥ 知らない人に道を聞く （P.105）

Anh-san : Hello. Excuse me. May I ask you a question?

A stranger : Sure. What is it?

Anh-san : Do you know a cafe called Mori Cafe? It's probably somewhere around here….

A stranger : Well, it's very close. It's just around the corner.

Anh-san : Oh, it's a place with lots of trees, right? Thank you very much.

A stranger : You are welcome.

## ⑦ アルバイトを休むことを店長に伝える （P.109）

Park-san : Manager, otsukare sama desu! May I have a moment, please?

Haraguchi-san : Hey, otsukare sama. What's up?

Park-san : I have a shift scheduled for next Sunday from 5 pm but I have some things to attend… I apologize for the inconvenience, but may I take a day off?

Haraguchi-san : What? You know Sunday is usually busy. Oh no…

Park-san : I'm sorry. Actually, I have a friend's wedding to attend. I mistakenly scheduled the shift without realizing it. I know this is inconvenient for you…but I would like to request a day off.

Haraguchi-san : Well, that's joyful! In that case…I'll look for someone to cover your shift.

## 8 目上の人の家族について話す (P.113)

Park-san : Summer vacation is coming soon. Do you have any plans?

Haraguchi-san : I'm thinking of going on a trip with my family.

Park-san : Wow! That sounds wonderful. Where are you planning to go?

Haraguchi-san : Probably Kyoto. My wife says she wants to visit there.

Park-san : It seems your wife really loves Kyoto.

Haraguchi-san : Yes, she seemed to have had a really good time when we visited last year.

Park-san : Did your whole family travel together last year? Did you bring your children with you?

Haraguchi-san : Yes! But the kids are saying they'd rather go to an amusement park than Kyoto.

Park-san : Oh, I see. Well, it can be a bit tough choice.

## 9 先輩の相談を受ける (P.117)

Yūki-san : I'm going on a date with my girlfriend soon. Do you know any good restaurants in Shinjuku?

Park-san : Well, let me think…. What kind of cuisine does she like?

Yūki-san : I think Chinese cuisine would be nice. She enjoys spicy food.

Park-san : Chinese cuisine sounds great! Also, if she likes spicy food, how about Korean cuisine?

Yūki-san : Oh, Korean cuisine sounds good, too!

Park-san : If you are interested in Korean food, I have a recommended restaurant. I'll later send you the link to the restaurant later.

Yūki-san : Thanks!

## 10 先生を手伝う (P.121)

Yuka-sensei : Excuse me, Park-san!

Park-san : Oh, Yuka-sensei. What can I do for you?

Yuka-sensei : I have a little favor to ask…do you have a moment right now?

Park-san : Of course! It's no problem at all.

Yuka-sensei : Could you please take this textbook to classroom A? I was looking for help because I'm in a hurry to go home….

Park-san : Certainly. If you need anything else, please don't hesitate to let me know.

Yuka-sensei : No, that is just fine. I really appreciate it. Thanks!

## 11 先輩にお土産をもらう (P.125)

Yūki-san : I brought these chocolates as a souvenir from my trip. Would you like to have some?

Park-san : Wow that sounds wonderful! Actually, I'm not really good at chocolate….

Yūki-san : Oh, really? I didn't know that.

Park-san : No, it's okay. But my roommate loves chocolate would it be alright if I took one for him?

Yūki-san : Yes, of course. Here you go.

Park-san : Thank you very much. I think he will be really delighted. I also went on a trip the other day and bought some souvenirs, so I will give them to you later.

Yūki-san : Thanks! I'm looking forward to it.

## 12 上司に確認する (P.129)

Fujiwara-san Anh-san

Fujiwara-san : Anh-san, could you prepare a business proposal for the new product?

Anh-san : Yes, sure. I will.

⋮

Anh-san : Excuse me, the proposal is ready. To whom should I present it?

Fujiwara-san : Wow, that was quick. May I have a look before we show it to the manager? I need to review it.

Anh-san Yes, of course. I will bring it to you right away.

Fujiwara-san : Thanks. I appreciate it.

## 13 電話をとる (P.133)

Park-san Nakamoto-san

Park-san : Thank you for calling. This is Park from the Mori Steak Shinjuku branch speaking.

Nakamoto-san : Hello. I'm Nakamoto from the Shibuya branch. May I speak to the store manager?

Park-san : I'm sorry but the manager is currently not in. Would you like to leave a message?

Nakamoto-san : Thank you. Could you tell him to call me back when he returns?

Park-san : Certainly. I apologize for the inconvenience, but may I ask for your name once again?

Nakamoto-san : I'm Nakamoto from Shibuya branch.

Park-san : Okay, Ms. Nakamoto.

## 14 先輩を食事に誘う (P.137)

Park-san Yūki-san

Park-san : Senpai, are you busy tonight?

Yūki-san : I don't have any particular plans. Is there something going on?

Park-san : We are planning to go out for a drink with everyone…would you like to join us?

Yūki-san : That sounds fun. But actually, I might be late because I have to go to my part-time job….

Park-san : Oh really? Well, could you please let me know if you can come?

Yūki-san : Sure! I will.

#  のおすすめの勉強法

Tips for learning polite speech

敬語にはいろいろな言い方があります。文法のようにルールがあって変化するものもあれば、まったく違った言葉になってしまうものもあります。そのルールや言葉を暗記することも大切なのですが、一番大切なのは実際に声に出して言う練習をすることです。

There are various forms of polite speech. Some follow grammar rules and change subtly, while others transform into entirely different words. While memorizing these rules and words is crucial, the most important aspect is practicing by speaking aloud.

日本人は、社会人になってから先輩の話し方を真似して、敬語を使う場面にたくさん出会って、敬語が話せるようになっていきます。「お客さんにお礼を言うときはこういう言い方なんだ」「上司に相談するときはこんな表現を使うんだ」と、敬語を使う場面を見ることで自然な敬語を身につけることができます。「召し上がる」や「ご覧になる」のような特別な言い方に変化する敬語も、日本人は学校で勉強します！（たしか中学生くらい！）日本人も、敬語の言葉やルールを知らないわけじゃないんだけど、使ったことがないからうまく使えないという場合があります。

Japanese individuals often learn polite speech by emulating their seniors' way of speaking and encountering numerous situations where polite speech is necessary in professional settings. By observing how polite speech is used, such as when expressing gratitude to customers or consulting with superiors, one can naturally grasp the appropriate language. Japanese people also study special honorific expressions, like "召し上がる" or "ご覧になる", during their school years, typically around middle school. It is not that Japanese people are unaware of honorific words and rules; it's often the lack of practical experience that hinders their usage.

みなさんも同じです。暗記するのはちょっと大変だけど、言葉を覚えたら、その言葉を使う「場面」を想像して声に出して練習してください。このとき、「場面を想像する」ということがとても大切なんです。

This might be relatable to many learners. While memorization can be daunting, it is beneficial to imagine specific "situations" where these words are used and to practice speaking them aloud. The key here is to "imagine the situation," which is extremely vital.

日常生活で使う敬語というのは、実はあまり種類が多くありません。よく使うフレーズをいくつか覚えて、それが言えるようになれば80%は敬語の勉強が終わりです！敬語って頭で考えると難しいけど、一度言い方を覚えれば全然頭で考えなくても口からスラスラ言葉が出るようになります。

そうなるまで、一緒に練習していきましょう！

There aren't too many types of honorific phrases used in daily life. If you learn a few commonly used phrases and can use them proficiently, you have covered about 80% of polite speech study. While polite speech might seem complex when you are thinking about them, once you have memorized the expressions, they will effortlessly roll off your tongue without much thought. Let's practice together until you reach that stage!

# おすすめのYouTube番組（ばん　ぐみ）



尊敬語！これだけ覚えれば、とりあえず大丈夫！

謙譲語！これだけ覚えれば、とりあえず大丈夫！

## 生活の中でよく使う
## 「尊敬語」と「謙譲語」のフレーズをまとめました

生活の中でよく使う「尊敬語」と「謙譲語」のフレーズをまとめました。敬語は難しいし、たくさんあって覚えられない！ と思うかもしれませんが、実際に会社などで使われるフレーズは決まったものが多いです。まずは、よく使うものから覚えて、使って、自信をつけましょう！ それぞれの敬語フレーズを使うべき場面をみなさんがしっかりと想像できるように、演技もしています。敬語には、「食べられます」「召し上がります」のように、同じことを言うときでも複数の言い方がある場合がありますよね。それも敬語を難しくしている原因だと思います。ですからこの動画を使って、まずは重要なものだけでも覚えて使ってみよう！ 敬語は、ただただ言葉を暗記しようとすると、どんどん難しくなってしまうし、全然使えるようになりません。この動画を何度も見て、口から勝手に言葉が出てきてしまうくらい声に出して練習してみましょう！

I have compiled commonly used "honorific and humble speech" phrases that are frequently used in daily life. The polite speech might seem difficult and overwhelming to memorize, but in reality, there are often predetermined phrases used in places like workplaces. Start by learning and using the frequently used ones to gain confidence! I am also incorporating acting to help you all imagine the appropriate situations to use each phrase. In polite speech, there are multiple ways to say the same thing, like "食べられます" and "召し上がります" when talking about eating, which can make polite speech challenging. Therefore, by using this video, let's try to memorize and practice the essential ones first! Merely memorizing words without understanding their context will make it increasingly difficult to use them properly. Watch this video multiple times and practice speaking aloud until the words come out naturally without thinking! Let's gain proficiency together!

# ［ よく使う敬語一覧 ］

敬語の動詞の活用は大きく分けると2つあるよ。

1. 違う動詞になる特別な言い方
2. ルール通りの言い方

## ① 動詞一覧（尊敬語）



### ✎ 特別な言い方

| 意味 | 尊敬語 | 例文 |
|---|---|---|
| 見ます | ご覧になります | どちらの映画をご覧になりますか。 |
| 行きます | いらっしゃいます | 何時ごろいらっしゃいますか。 |
| 来ます | いらっしゃいます | ゆか先生がいらっしゃいました。 |
| 言います | おっしゃいます | 何とおっしゃいましたか。 |
| 食べます | 召し上がります | どうぞ、召し上がってください。 |
| 飲みます | 召し上がります | お酒は召し上がりますか。 |
| します | なさいます | お休みの日は何をなさいますか。 |
| います | いらっしゃいます | ゆか先生は教室にいらっしゃいます。 |
| 住んでいます | お住まいです | どちらにお住まいですか。 |
| 知っています | ご存じです | 日本語の森をご存じですか。 |
| くれます | くださいます | ゆか先生が教えてくださいます。 |
| です | でいらっしゃいます | こちらが日本語の森のゆか先生でいらっしゃいます。 |
| ています | ていらっしゃいます | ゆか先生があそこに立っていらっしゃいます。 |

### ✎ ルール通りの言い方

| 意味 | 尊敬語 | 例文 |
|---|---|---|
| 会います | お会いになります | ゆか先生とお会いになりましたか。 |
| 聞きます | お聞きになります | どんな音楽をお聞きになりますか。 |
| 思います | お思いになります | 日本語の森について、どうお思いになりますか。 |

| 話します<br><sub>はな</sub> | お話しになります<br><sub>はな</sub> | ゆか先生が試験についてお話しになりました。<br><sub>せんせい　　しけん　　　　　　　　　はな</sub> |

## ② 動詞一覧（謙譲語）
<sub>どう　し　いち　らん　　けん　じょう　ご</sub>

✎ 特別な言い方

| 意味 | 謙譲語 | 例文 |
|---|---|---|
| 見ます<br><sub>み</sub> | 拝見します<br><sub>はい けん</sub> | いつも動画を拝見しています。<br><sub>どう が　　はい けん</sub> |
| 行きます<br><sub>い</sub> | まいります<br>うかがいます | 明日、10 時にうかがいます。<br><sub>あ す　　　じ</sub> |
| 来ます<br><sub>き</sub> | まいります | 明日、10 時にまいります。<br><sub>あ す　　　じ</sub> |
| 言います<br><sub>い</sub> | 申します<br><sub>もう</sub> | 村上と申します。<br><sub>むら かみ　もう</sub> |
| 食べます<br><sub>た</sub> | いただきます | おいしくいただきました。 |
| 飲みます<br><sub>の</sub> | いただきます | お酒を少しいただきました。<br><sub>さけ　すこ</sub> |
| します | いたします | 勉強いたします。<br><sub>べんきょう</sub> |
| います | おります | 村上は今事務所におります。<br><sub>むらかみ　いまじ むしょ</sub> |
| もらいます | いただきます | お土産をいただきました。<br><sub>み や げ</sub> |
| 知っています<br><sub>し</sub> | 存じております<br><sub>ぞん</sub><br>存じ上げております<br><sub>ぞん　あ</sub> | ゆか先生のことは、もちろん存じ上げております。<br><sub>せん せい　　　　　　　　　　　　　　ぞん　あ</sub> |
| です | でございます | こちら、大阪のお土産でございます。<br><sub>おお さか　　み や げ</sub> |
| ています | ております | 今、確認しておりますので少々お待ちください。<br><sub>いま　かくにん　　　　　　　　　　しょうしょう　ま</sub> |
| 会います<br><sub>あ</sub> | お目にかかります<br><sub>め</sub> | ゆか先生にお目にかかれて光栄です。<br><sub>せん せい　　め　　　　　　　　こう えい</sub> |
| 与えます<br><sub>あた</sub> | 差し上げます<br><sub>さ　あ</sub> | 私のお金を全て差し上げます！<br><sub>わたし　かね　すべ　さ　あ</sub> |
| 聞きます<br><sub>き</sub> | 伺います<br><sub>うかが</sub> | ご注文を伺います。<br><sub>ちゅうもん　うかが</sub> |
| 思います<br><sub>おも</sub> | 存じます<br><sub>ぞん</sub> | 試験のために努力されたことと存じます。<br><sub>し けん　　　　　どりょく　　　　　　ぞん</sub> |
| あります | ございます | ゆか先生の本は、こちらにございます。<br><sub>せんせい　ほん</sub> |
| あげます | 差し上げます<br><sub>さ　あ</sub> | この本、差し上げます。<br><sub>ほん　さ　あ</sub> |

| | | |
|---|---|---|
| 話します<br>はな | お話しします<br>はな | それについては、私がお話しします。<br>わたし　　　　はな |
| 渡します<br>わた | お渡しします<br>わた | 資料をお渡しします。<br>しりょう　　わた |
| 教えます<br>おし | お教えします<br>おし | 漢字の読み方をお教えします。<br>かんじ　よ　かた　おし |
| 持ちます<br>も | お持ちします<br>も | ゆか先生！　かばんお持ちします。<br>せんせい　　　　　　も |

## ❸ 人の呼び方
ひと　よ　かた

| 意味 | 敬語 | 例文 |
|---|---|---|
| 私<br>わたし | 私<br>わたくし | 私がご説明いたします。<br>わたくし　　せつめい |
| みんな | みなさん・みなさま | みなさま、本日はどうぞよろしくお願いいたします。<br>ほんじつ　　　　　　　　　　ねが |
| 客<br>きゃく | お客さん・お客様<br>きゃく　　きゃくさま | お客様のことを一番に考えましょう。<br>きゃくさま　　　いちばん　かんが |
| 友達<br>ともだち | ご友人<br>ゆうじん | アインさんは、ゆか先生のご友人です。<br>せんせい　ゆうじん |
| この人・その人・<br>ひと　　ひと<br>あの人<br>ひと | こちらの方・そちらの方・<br>かた　　　　かた<br>あちらの方<br>かた | あちらの方が、ゆか先生のご友人ですか。<br>かた　　せんせい　ゆうじん |
| 父<br>ちち | お父さん・お父様<br>とう　　とうさま | お父様はお元気でいらっしゃいますか。<br>とうさま　げんき |
| 母<br>はは | お母さん・お母様<br>かあ　　かあさま | お母様はどちらにいらっしゃいますか。<br>かあさま |
| 夫<br>おっと | ご主人<br>しゅじん | ご主人はご一緒ではないのですか。<br>しゅじん　いっしょ |
| 妻<br>つま | 奥さん・奥様<br>おく　　おくさま | 奥様によろしくお伝えください。<br>おくさま　　　つた |
| 子ども<br>こ | お子さん・お子様<br>こ　　こさま | お子様はおいくつですか。<br>こさま |

## ❹ 敬語と一緒によく使う単語
けいご　いっしょ　つか　たんご

| 意味 | 敬語 | 例文 |
|---|---|---|
| 今日<br>きょう | 本日<br>ほんじつ | 本日は暑い中お越しいただき、ありがとうございます。<br>ほんじつ　あつ　なか　こ |

| 昨日<br>きのう | 昨日<br>さくじつ | 昨日は強い雨が降りました。 |
| 明日<br>あした | 明日<br>あす | 明日の会議は中止になりました。 |
| この前<br>まえ | 先日<br>せんじつ | 先日はお世話になりました。 |
| その日<br>ひ | 当日<br>とうじつ | イベント当日はよろしくお願いいたします。 |
| 今年<br>ことし | 本年<br>ほんねん | 本年もどうぞよろしくお願いいたします。 |
| 去年<br>きょねん | 昨年<br>さくねん | 昨年に続き、本年も本の売上が好調です。 |
| 一ヶ月<br>いっかげつ | 一月<br>ひとつき | 日本に来てから、一月が経ちました。 |
| 今<br>いま | ただいま | このエレベーターは、ただいま点検中です。 |
| さっき | さきほど | さきほどは失礼いたしました。 |
| あとで | のちほど | のちほどご連絡いたします。 |
| すぐに | 早急に・至急<br>そうきゅう　　しきゅう | 早急に対応いたします。 |
| 前もって<br>まえ | あらかじめ | 台風に備えて、あらかじめご用意をお願いします。 |
| 今回<br>こんかい | この度<br>たび | この度、私たちは結婚することになりました。 |
| 本当に<br>ほんとう | 誠に<br>まこと | 誠にありがとうございます。 |
| とても | 大変<br>たいへん | 大変申し訳ありません。 |
| 少し<br>すこ | 少々<br>しょうしょう | こちらで少々お待ちください。 |
| 自分の会社<br>じぶん　かいしゃ | 弊社<br>へいしゃ | 弊社は日本語教育を行っております。 |
| 相手の会社<br>あいて　かいしゃ<br>（話すとき）<br>はな | 御社<br>おんしゃ | 御社で人気のある商品はどちらですか。 |
| 相手の会社<br>あいて　かいしゃ<br>（書くとき）<br>か | 貴社<br>きしゃ | 貴社のサービスに関心をもっております。 |

# あとがき

「敬語、できそう…！」って、ちょっとは思ってもらえたでしょうか。

何度も言いますが、やっぱり敬語は「話して練習する」ものです。

本を読んでも、実際に使っていかないと敬語は話せるようになりません。

みなさん！ この本を読んで、「私も敬語話せそう…！」と自信がついたら、

近くの人にどんどん敬語を使っていきましょう。

失敗してもいいんです。謝ればだいたい許してくれますし、実際そんなに

怒る人は少ないと思いますよ。本当に失敗してはいけない場面で失敗し

ないために、今からたくさん練習していきましょうね。

実は、前回の『教えて！ ゆか先生　日本語会話表現６０』を書いていたと

きから「シリーズにして２冊目も作りたいね」と担当の秦野由衣さんと話

をしていました。それが実現して、みなさまに本を届けることができてとて

もうれしく思っています。秦野さん、今回もありがとうございました！

この本が、みんなの苦手な敬語を克服する一歩になればとてもうれしいで

す。

感想も聞かせてほしいな！ メッセージ待ってるよ！

# Afterword

Are you motivated to a certain extent now to learn polite speech (Keigo)? As I mentioned earlier, polite speech (Keigo) is something that you learn by "practicing speaking". Just reading a book is not sufficient to make improvements unless you actually use it in real conversation.

Hey, everyone! If you feel confident in using polite speech after reading this book, let's start speaking "keigo" with people around you. Never mind about making mistakes. Most people will forgive you if you apologize, and in reality, there are few who get really angry, I believe. To avoid making serious mistakes in situations where you absolutely shouldn't let's practice a lot from now.

I had been talking with the editor Ms. Hatano Yui about publishing the second book in this series while I was working on my previous book, "教えて！ ゆか先生 日本語会話表現６０". It is a great honor for me to be able to deliver this book to everyone. Please allow me to thank Ms. Hatano again for her continuous dedication! I would be extremely happy if this book could be a step for everyone in overcoming their difficulties with polite speech (Keigo). Please send us your message. I would love to hear your feedback on my book!

**著者**

● 村上由佳（Yuka Murakami）

● 日本語の森株式会社

「日本語教育を通して世界に貢献する」という理念で、世界中の日本語学習者を対象に日本語学習サービスを提供。

〈主なサービス〉

**YouTubeチャンネル：**『日本語の森』
**ネット講義サイト／アプリ：**『nihongonomori.com』
**書籍：**『JLPT N1 この一冊で合格する』『JLPT N2 この一冊で合格する』
　　　『JLPT N3 この一冊で合格する』


---


## 教えて！ ゆか先生　気持ちが伝わる日本語敬語

2023年12月18日　初版 第1刷発行
2025年　9月　8日　初版 第2刷発行

---

| | |
|---|---|
| 著者 | 村上由佳 |
| イラスト | 伊藤大輔 |
| ナレーション | 安斉一博、胡麻鶴彩、村上由佳 |
| 翻訳 | 桐明忍、Shameera Muditha Namadawewa |
| 装丁・本文デザイン・DTP | 藤原由貴 |
| 印刷・製本 | 日経印刷株式会社 |
| 編集 | 秦野由衣 |
| 発行人 | 天谷修身 |
| 発行 | 株式会社アスク<br>〒162-8558 東京都新宿区下宮比町 2-6 |

---





書籍に関するお問い合わせ ▶ https://ask-books.com/support/